Saar-Pfalz-Kreis

Führer zu archäologischen Denkmälern in Deutschland

Herausgegeben vom
Nordwestdeutschen und vom West- und Süddeutschen
Verband für Altertumsforschung
sowie vom
Saar-Pfalz-Kreis

Band 18

Konrad Theiss Verlag Stuttgart

Saar-Pfalz-Kreis

Bearbeitet vom
Staatlichen Konservatoramt des Saarlandes
— Abteilung Bodendenkmalpflege —

Mit Beiträgen von:
F. Bertemes · A. Miron · J.-P. Petit · W. Reinhard
J. Schaub · G. Schmitt · F.-J. Schumacher · E. Strahl

Konrad Theiss Verlag Stuttgart

CIP-Titelaufnahme der Deutschen Bibliothek

Saar-Pfalz-Kreis / bearb. vom Staatl. Konservatoramt d. Saarlandes, Abt. Bodendenkmalpflege. Mit Beitr. von: F. Bertemes... - Stuttgart: Theiss, 1988
(Führer zu archäologischen Denkmälern in Deutschland ; Bd. 18)
ISBN 3-8062-0577-9
NE: Bertemes, Frenz [Mitverf.]; Saarland / Staatliches Konservatoramt; GT

Redaktion: Wolfgang Meyn und Andrei Miron
Umschlag: Michael Kasack
Umschlagbild: Röhrenkanne aus dem Grab der keltischen Fürstin von Reinheim

ISBN 3-8062-0577-9
Satz und Druck: Saarpfalz-Druck Ermer KG, Homburg
Printed in Germany

Vorwort

Der Saar-Pfalz-Kreis kann auf ein überaus reiches kulturgeschichtliches Erbe verweisen. Um die Bedeutung der saarpfälzischen Archäologie zu unterstreichen und um dem Informationsbedürfnis einer breiteren Öffentlichkeit nachzukommen, hat sich der Kreis zur Herausgabe der vorliegenden Publikation entschlossen.

Bereits in prähistorischer Zeit waren die fruchtbaren Muschelkalkböden der Bliesgaulandschaft, im Südosten des Saarlandes gelegen, bevorzugtes Siedlungsland. Zahlreiche archäologische Fundstellen dokumentieren dies eindrucksvoll. Der römische Vicus von Homburg-Schwarzenacker, der heute als Freilichtmuseum hergerichtet ist und Jahr für Jahr Tausende von Besuchern anlockt und das 1954 entdeckte keltische Fürstinnengrab von Reinheim sind die wohl bekanntesten Fundorte unseres Kreises.

Seit einigen Jahren bemüht sich der Saar-Pfalz-Kreis, die archäologische Forschung zu fördern. Ein neuerdings begonnenes Ausgrabungsprojekt in Reinheim, in unmittelbarer Grenznähe zu Frankreich, soll in Verbindung mit entsprechenden Aktivitäten auf lothringischer Seite zu einem „Europäischen Kulturpark" heranwachsen. Hier wird Kulturgeschichte in ihrer räumlichen Dimension nachvollziehbar. Gleichzeitig erhellt dieser symbolische Brückenschlag die Künstlichkeit politischer Grenzen. Diese zu überwinden und aus den Erfahrungen der Vergangenheit gemeinsam die Zukunft zu gestalten, sollte unser aller Anliegen sein.

Mein Dank gilt den Autoren dieses Bandes, den Mitarbeitern des Staatlichen Konservatoramtes für das Saarland, den lothringischen Archäologen, der Fotografin Karin Heinzel vom Landesinstitut für Pädagogik und Medien (Landesbildstelle) und allen, die zum Gelingen dieser Publikation beigetragen haben.

Homburg, Dezember 1988

Clemens Lindemann
Landrat des Saar-Pfalz-Kreises

Inhalt

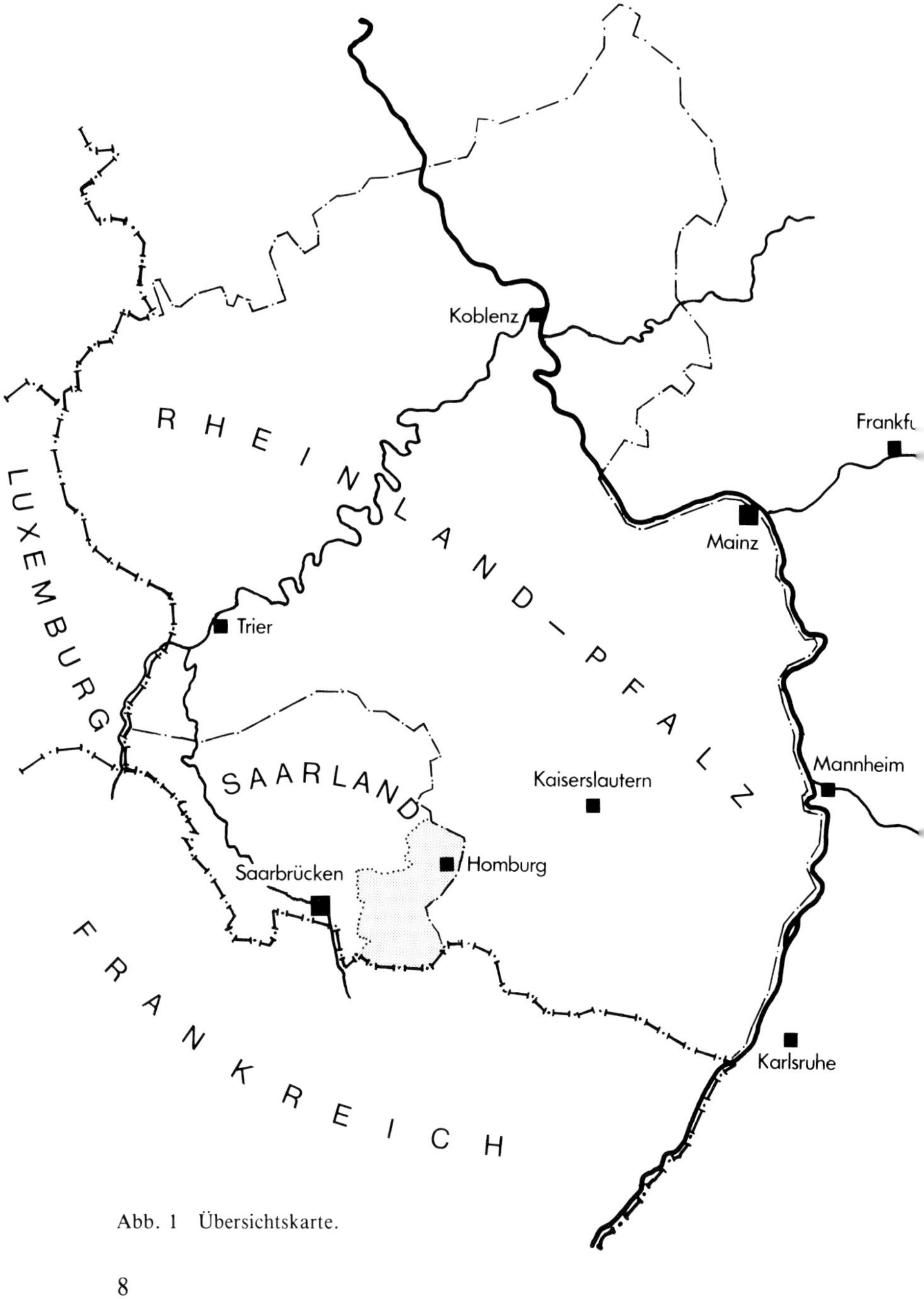

Abb. 1 Übersichtskarte.

Einleitung

Eine Darstellung der Archäologie im südöstlichen Saarland, dem heutigen Saar-Pfalz-Kreis, bietet sowohl für den Fachmann als auch für den „interessierten Laien" in ihrer reichhaltigen Fülle ein abwechslungsreiches Bild. Von unscheinbaren Bodendenkmälern im Gelände bis hin zu sensationellen Goldfunden, deren Entdeckung — aus verständlichen, allzu menschlichen Gründen — immer wieder das besondere Interesse der Öffentlichkeit auf sich zieht, ist das ganze Spektrum vor- und frühgeschichtlicher Quellen vertreten. Diesen stummen Zeugnissen der Vergangenheit eine Aussage abzuringen, aus ihren nüchternen Zusammenhängen eine kulturgeschichtliche Interpretation abzuleiten, darin besteht die Kunst des Prähistorikers.

Im vorliegenden Band kann lediglich ein Abriß der wichtigsten und anschaulichsten Beispiele archäologischer Forschung im Saar-Pfalz-Kreis aufgezeigt werden. Die Autoren waren sich dessen bewußt, daß manche Unvollständigkeit dem gut informierten Heimatforscher ein Dorn im Auge sein wird. In Abwägung der unterschiedlichen Leserinteressen mußte jedoch eine Auswahl getroffen werden, die der Vielfalt der sich darbietenden Denkmäler gerecht zu werden sucht.

Es lag nahe, den Inhalt dieses Buches zeitlich zu gliedern: von der erdgeschichtlichen Entwicklung über die ersten Spuren menschlicher Siedlungstätigkeit bis hin zum Frühen Mittelalter. Der Leser gewinnt somit einen schnellen Überblick über zeitliche Dimensionen und kulturgeschichtliche Abläufe. Für den Wanderer oder Reisenden bedeutet dies aber, daß örtliche Zusammenhänge benachbarter Fundstellen im Text bisweilen unter verschiedenen Epochen auseinandergerissen werden mußten. Ein alphabetisches Fundortregister am Ende des Bandes mag diese Schwäche ausgleichen.

An einer Stelle wurde die Grenze des Saar-Pfalz-Kreises ganz bewußt überschritten. Nur wenige hundert Meter hinter der Grenze

zu Lothringen, in Bliesbruck, findet seit vielen Jahren ein großes Ausgrabungsprojekt in einem gallorömischen Vicus statt. Das dort entstehende Freilichtmuseum soll in absehbarer Zukunft mit ähnlichen Aktivitäten diesseits der Grenze, in Reinheim, verbunden und in Gestalt eines archäologischen Parks zu einer Attraktion für Besucher werden. Den französischen Kollegen Jean Schaub und Jean-Paul Petit möchte ich in diesem Zusammenhang für ihre kollegiale Mitarbeit ganz besonders danken.
Wir wollen mit der vorliegenden Publikation ein möglichst breites Publikum ansprechen und Interesse für längst vergangene Zeiten unserer Region wecken. Sollte uns dies gelungen sein und darüber hinaus auch unser Werben für ein Verantwortungsbewußtsein vor den im Boden verborgenen Quellen der vor- und frühgeschichtlichen Forschung erfolgreich sein, dann hat diese Schrift ihren Zweck voll und ganz erfüllt.

Andrei Miron

Abb. 2 Topographische Karte des Saar-Pfalz-Kreises. ▷

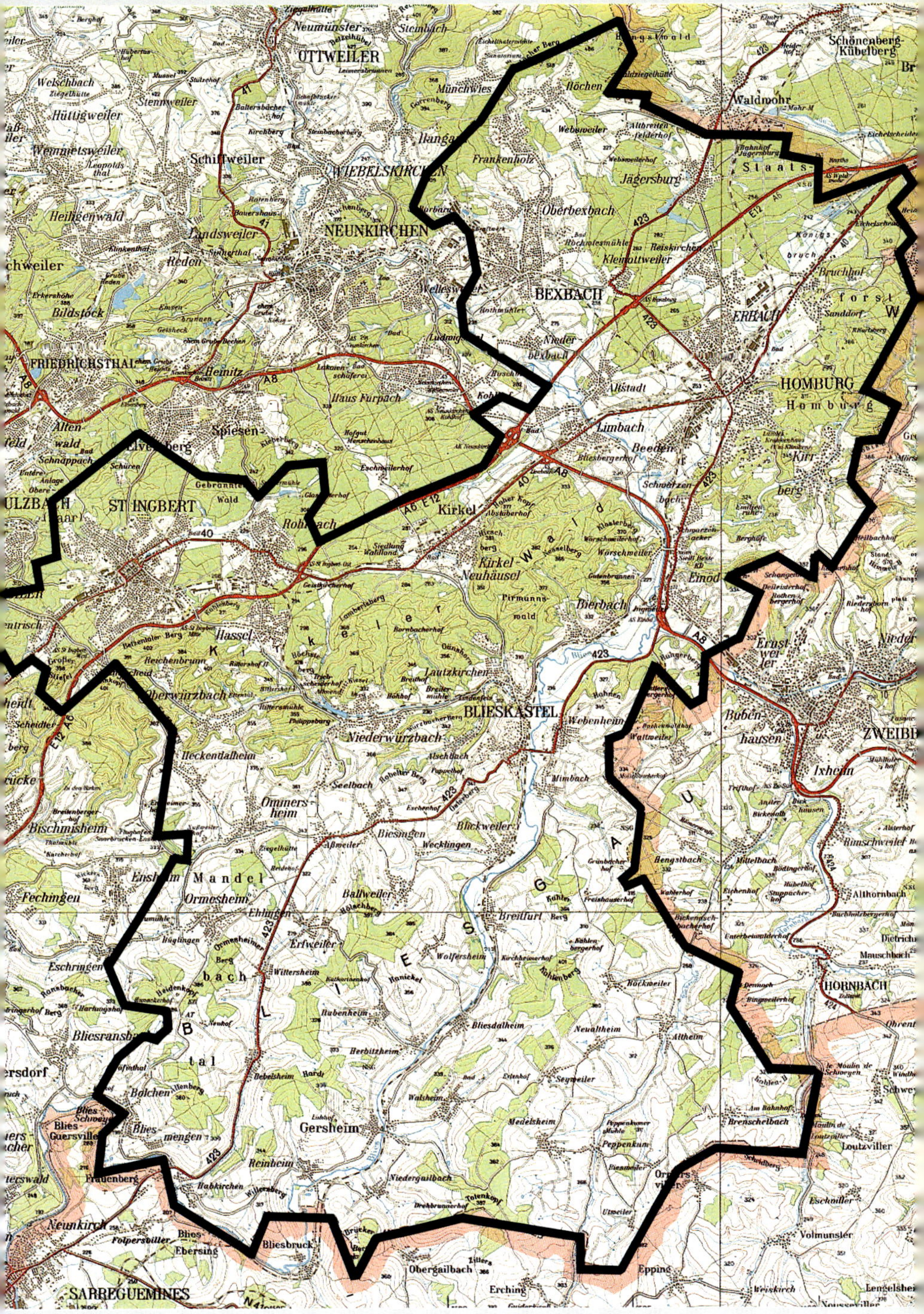

OTTWEILER
Neumünster
Steinbach
Münchwies
Höchen
Waldmohr
Schönenberg-Kübelberg
Welschbach
Hüttigweiler
Wemmetsweiler
Schiffweiler
WIEBELSKIRCHEN
Frankenholz
Jägersburg
Heiligenwald
Landsweiler
Reden
NEUNKIRCHEN
Oberbexbach
Kleinottweiler
Bildstock
BEXBACH
ERBACH
FRIEDRICHSTHAL
Heinitz
Haus Furpach
Altstadt
HOMBURG
Spiesen-Elversberg
Limbach
Beeden
Schwarzenbach
ST. INGBERT
Rohrbach
Kirkel
Kirkel-Neuhäusel
Einöd
Hassel
Bierbach
Oberwürzbach
Niederwürzbach
BLIESKASTEL
Webenheim
Erbach
ZWEIBRÜCKEN
Heckendalheim
Ommersheim
Ixheim
Bischmisheim
Biesingen
Blickweiler
Mimbach
Fechingen
Ensheim
Mandelbach
Ormesheim
Ballweiler
Breitfurt
Eschringen
Erfweiler
Wittersheim
Wolfersheim
Bliesgau
HORNBACH
Bliesransbach
Bliesdalheim
Altheim
Herbitzheim
Walsheim
Bliesmengen-Bolchen
Gersheim
Medelsheim
Peppenkum
Brenschelbach
Reinheim
Niedergailbach
Ormesheim
Loutzviller
Frauenberg
Habkirchen
Bliesbruck
Obergailbach
Epping
SARREGUEMINES
A6
A8
E12
423

Die erdgeschichtliche Vergangenheit des Saar-Pfalz-Kreises

1. Allgemeine geologische Beschreibung

Die Trias

Mit Ende des Perm entsteht in Europa das Germanische Becken aus der Rheinischen (N - S) und der Baltischen (O - W) Senkungszone. Ausgefüllt wird dieses Germanische Becken von kontinentalen Ablagerungen mit gelegentlichen Einschaltungen von Flachmeer-Sedimenten, dem Muschelkalk. Diese kontinentale Ausbildung der Trias-Formation bezeichnet man als Germanische Trias, im Gegensatz zur Alpinen oder Mediterranen Trias in Südeuropa (südl. Alpenraum). Die Trias wird in drei Abteilungen gegliedert: Buntsandstein, Muschelkalk und Keuper.

Der Buntsandstein

Die Ablagerungen des Buntsandstein lassen sich in eine Reihe von Zyklen gliedern; sie beginnen jeweils mit gröberen Sandsteinen und enden mit feinkörnigen, meist tonigen Gesteinen. Der Untere Buntsandstein bildet den Ausklang der Eindampfungsphase des Zechsteines (Ende des Perm). Es herrschte ein arides Klima; seichte, zeitweise übersalzene Wasserflächen waren weit verbreitet. Im Mittleren Buntsandstein schoben sich Schotter und gröbere Sande in breiten Fächern von den umliegenden Abtragungsgebieten in das Becken vor. Der Obere Buntsandstein ist bereits ein Übergangsglied zum Muschelkalk. Die sandigen Ablagerungen werden zunehmend durch bunte Tone (meist rot), dann durch graue Mergel ersetzt. Den Hauptteil der Buntsandstein-Sedimente liefert die sog. Gallische Schwelle, ein ehemaliges Hochgebiet am Westrand des Germanischen Beckens.

Der Muschelkalk

Das Muschelkalkmeer, von SO einströmend, überflutet ein ausgeglichenes Relief in dem bereits weit aufgefüllten Becken. Es ist ein Meer in arider Umgebung. Die starke Verdunstung und die geringe Zufuhr von Sanden und Geröllen lassen zur Hauptsache Karbonat-Sedimente entstehen, Kalk im Beckeninnern, Dolomit in den Küstengebieten.
Die dünnschichtigen „Wellenkalke", Mergel, Oolith- und Schillkalke des Unteren Muschelkalkes zeugen von häufiger Umlagerung des bewegten Flachwassers. Im Mittleren Muschelkalk zieht sich das Meer zurück. Der damit verbundene Eindampfungszyklus führt zu einer Bildung von Gipsen und Salzen, die durch oberflächennahe Verwitterung allerdings schon vielfach ausgelaugt sind. Zu Beginn des Oberen Muschelkalkes kehrt das Muschelkalkmeer zurück. An seinem Grunde siedeln sich ganze Wälder von Seelilien (Crinoiden) an, deren Reste, untermischt mit

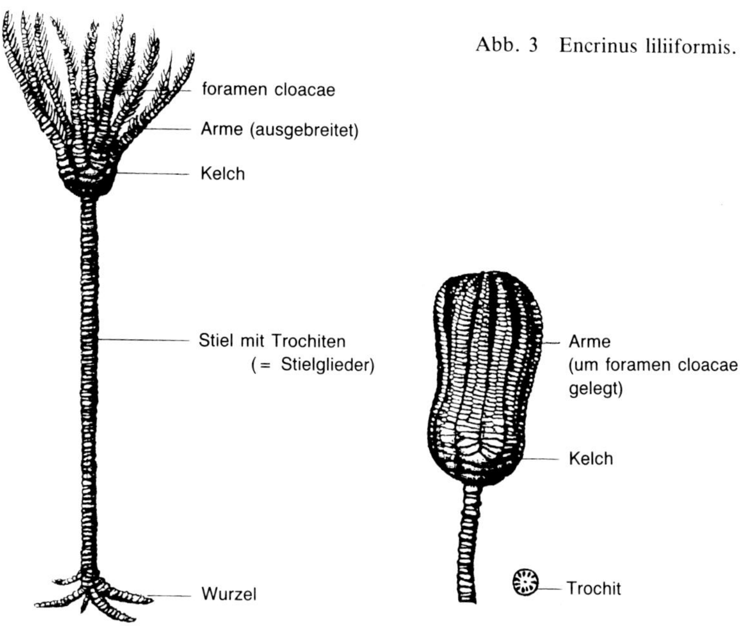

Abb. 3 Encrinus liliiformis.

Schalentrümmern, den Trochitenkalk aufbauen. Später vertieft sich das Meer. Die Seelilien werden in ihrer Häufigkeit von Kopffüßlern (Ammonoideen) abgelöst. Die wichtigsten Ammonoideen sind die Ceratiten. Die plattigen Kalke und Mergel des Oberen Muschelkalkes werden deshalb auch als Ceratiten-Schichten bezeichnet.

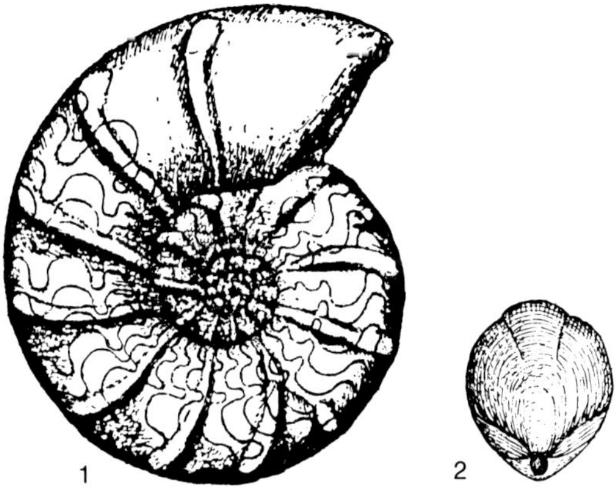

Abb. 4 1 Ceratites nodosus; 2 Coenothyris vulgaris.

Der Keuper

Mit Beginn des Keuper tritt eine erneute Regression ein, welche die ältesten Ablagerungen des Keuper entstehen läßt: Marine Dolomitbänke wechseln mit dunklen Mergeln und pflanzenführenden Sandsteinen, gelegentlich auch mit unreinen Kohlen, denen der Untere Keuper auch die Bezeichnung „Lettenkohle" verdankt. Im Mittleren und Oberen Keuper setzt sich die Bildung von bunten Mergeln fort.

Bewohner des deutschen Trias-Beckens sind in den Festlandzeiten Amphibien und Reptilien, von denen uns oft nur Fährten überliefert sind sowie eine Flora, die z.T. an das Leben auf trockenem, strichweise versalzenem Grunde angepaßt ist.

2. Regionale geologische Beschreibung des Saar-Pfalz-Kreises

Der Saar-Pfalz-Kreis bildet mit seinen Ablagerungen aus Buntsandstein und Muschelkalk den Nordflügel der sogenannten „Saargemünder Mulde". Die Saargemünder Mulde schließt sich im Süden schüsselförmig an den im NW verlaufenden Saarbrücker Kohlesattel an.

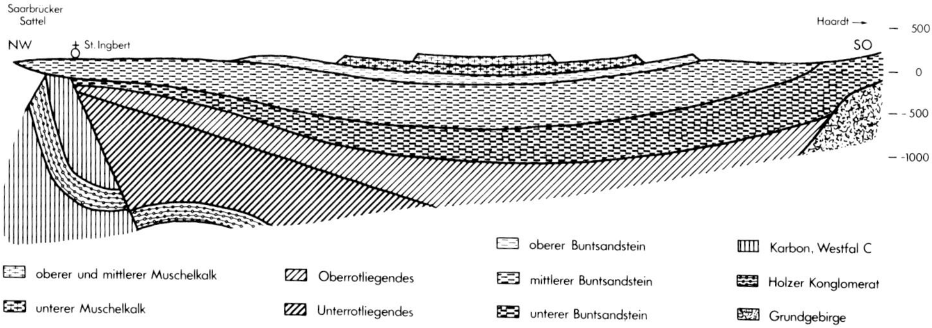

Abb. 5 Geologisches Profil.

Der Mittlere Buntsandstein grenzt nordöstlich von St. Ingbert an die Ausläufer des Saarbrücker Kohlesattels, gebildet aus Ablagerungen des Unteren Karbon (Westfal C). Diese ältesten Gesteine des Saar-Pfalz-Kreises setzen sich aus Wechselablagerungen von Ton- und Sandsteinen zusammen. Darin eingelagert sind einige geringmächtige Kohlenflöze, die früher in der Grube St. Ingbert abgebaut wurden.

Gleiche Ablagerungen befinden sich noch einmal im Norden des Saar-Pfalz-Kreises nördlich der Linie Bexbach - Jägersburg. Hier sind zudem auch die sogenannten Kuseler Schichten aufgeschlossen, Gerölle (Konglomerate), Arkosen (Sandstein, der sich überwiegend aus Feldspäten zusammensetzt, im Gegensatz zu Buntsandstein, der überwiegend aus Quarz besteht) und Schiefer aus dem Unterrotliegenden, der unteren Stufe des Perm, die gelegent-

lich noch schwache Kohlenflöze enthalten können (Übergang von Karbon zu Perm). Der Buntsandstein bildet den Nordteil des Saar-Pfalz-Kreises bis zu einer Linie Oberwürzbach - Blieskastel - Breitfurt - Einöd. Südlich dieser Linie formen die Ablagerungen des Muschelkalkes den Bliesgau.
So unterscheiden sich diese beiden Teile des Saar-Pfalz-Kreises auch morphologisch: Während im Norden Flachland mit wenigen Erhebungen vorherrschend ist, stellt sich der Bliesgau als ein welliges Hügelland dar — Hochebenen mit Einschnitten von Wasserläufen. Die Blies, der größte Wasserlauf im Saar-Pfalz-Kreis, folgt in ihrem Lauf der nach SW einfallenden Saargemünder Mulde. Ihr Tal besitzt im Bliesgau ein charakteristisches Profil: Die Flanken erheben sich stetig bis zu einem bestimmten Niveau, auf dem der Trochitenkalk als eine markante Steilstufe einsetzt. Danach steigen die Hänge wiederum sanft an.
Der Norden, der Buntsandstein, ist überwiegend bewaldet; der Süden gibt sich als Kulturlandschaft, als Acker- und Weideland.

Der Untere Buntsandstein

Der Untere Buntsandstein besteht aus einem violetten Sandstein, dem Annweiler Sandstein, der nach oben in weiche, tonige Sandsteine von intensivem Rot übergeht. Der Untere Buntsandstein ist im Saar-Pfalz-Kreis allerdings nicht aufgeschlossen.

Der Mittlere Buntsandstein oder Hauptbuntsandstein

Der Mittlere Buntsandstein wird unterteilt in:

— Oberer Hauptbuntsandstein = Trippstadt- oder Karlstalschichten
— Mittlerer Hauptbuntsandstein = Rehbergschichten
— Unterer Hauptbuntsandstein = Trifelsschichten

Die Trifelsschichten beginnen mit einer 15 m mächtigen, weichen Sandsteinschicht. Darüber lagern, etwa 70 m mächtig, feste Sandsteine, die eine zusammenhängende Felszone bilden. Die konglomeratische Basis dieser Felszone enthält Gerölle aus Milchquarz, Quarzit und Porphyr. Die violett gefärbten Sandsteine führen oft Glimmer und schließen zahlreiche Knollen vom Manganoxid ein. Die Sandsteine der Rehbergschichten sind intensiv rot gefärbt, häufig sind Tone eingeschaltet. Gerölle sind selten. Auf dünnen Sandsteinplatten, die rot bis gelblich-weiß gefärbt sind, setzen sich die Trippstadt- oder Karlstalschichten zusammen. Hier findet man gelegentlich Tierfährten und Wellenfurchen. Die Mächtigkeit des Hauptbuntsandsteines variiert sehr stark. Sie beträgt bei St. Ingbert etwa 350 m, weiter westlich Saarbrückens nur noch etwa 180 m.

Petrographisch unterscheiden sich Unterer und Oberer Buntsandstein durch das tonige Bindemittel, welches dem Mittleren Buntsandstein fast völlig fehlt. Während sich der Untere Buntsandstein in ruhigem Wasser abgesetzt hat, zeigt der Mittlere Buntsandstein deutliche Spuren von fließenden Gewässern. Im allgemeinen aber hat ein Wüstenklima vorgeherrscht, häufig unterbrochen von wolkenbruchartigen Regenfällen, die eine gründliche Umlagerung des zuvor abgesetzten lockeren Materials zur Folge hatten.

Der Obere Buntsandstein

Der Obere Buntsandstein gliedert sich in:

— Hauptkonglomerat
— Zwischenschichten
— Voltziensandstein

Das Hauptkonglomerat besteht aus Geröllen, die durch ein kieseliges Bindemittel miteinander verkittet sind; eingelagert sind kreuzgeschichtete glimmerhaltige Sandsteine. Die tonigen Sandsteine der Zwischenschichten sind dunkelrot bis violett gefärbt. Konglomeratbänke treten nur sporadisch auf, dafür steigt der Ge-

Abb. 6
Voltzia heterophylla.

halt an Glimmer. Häufig enthalten die Zwischenschichten sehr ausgedehnte Bänke dolomitischer Sandsteine. Seinen Namen verdankt der Voltziensandstein einem Nadelbaum, Voltzia heterophylla. Die gut geschichteten Sandsteine von roter bis hellgelber Farbe eignen sich sehr gut als Baustein. Zahlreiche mergelige Einlagerungen geben dem Voltziensandstein eine unregelmäßige Schichtung und zeugen von der Nähe zum Muschelkalkmeer. Die Mächtigkeit des gesamten Oberen Buntsandsteins schwankt zwischen 50 und 80 Metern.

Der Untere Muschelkalk

Die Ablagerungen des Unteren Muschelkalk bestehen überwiegend aus Dolomit. Dieser Dolomit besitzt häufig eine gewellte Oberfläche, weshalb man den Unteren Muschelkalk auch als Wellengebirge bezeichnet. Der Untere Muschelkalk besteht an seiner Basis aus sandigen Dolomiten, die den Übergang zum Oberen Buntsandstein darstellen. Es folgen Wechsellagerungen aus Dolomit und Mergeln. Die Dolomitbänke werden nach ihrem Fossilgehalt, meist Muscheln, untergliedert. Die bedeutendste ist Lima striata, dazu gelegentlich Trochiten. Der Untere Muschelkalk ist zwischen 40 und 50 m mächtig.
Im Saar-Pfalz-Kreis findet man den Unteren Muschelkalk z.B. in der Ortsmitte von Niedergailbach als sandige Dolomite und sandige Mergel mit Trochiten.

Der Mittlere Muschelkalk

Der Mittlere Muschelkalk gliedert sich in zwei Teile:
Der untere Teil setzt sich im wesentlichen aus bunten, grauen und grünen Mergeln zusammen, die gelegentlich Gipslager erkennen lassen.
Der obere Teil wird geformt aus Dolomiten und grauen Mergeln. Dolomite sind oft löchrig (= Zellendolomit) und schließen häufig Hornsteinknollen ein. Der Mittlere Muschelkalk bildet im Bliesgau die meist landwirtschaftlich genutzten, sanft ansteigenden Talflanken.

Der Obere Muschelkalk

Der Obere oder Hauptmuschelkalk ist im Bereich der Saargemünder Mulde zu einer kalkig-mergeligen Fazies gebildet. Er gliedert sich in den Trochitenkalk und den Ceratitenkalk. Der Trochitenkalk formt markante Steilstufen und ist so im Landschaftsbild gut zu erkennen. Seinen Namen verdankt er den vereinzelt auftretenden Crinoidenstielgliedern, die man als Trochiten bezeichnet. Die Gesamtmächtigkeit des Trochitenkalks beträgt etwa 10 m. Früher wurde der gut gebankte Trochitenkalk in zahlreichen Steinbrüchen als Baustein abgebaut, so z.B. im ehemaligen Steinbruch zwischen Bebelsheim und Habkirchen, wo man ihn in seiner gesamten Ausbildung erkennen kann.
Der Ceratitenkalk unterscheidet sich vom Trochitenkalk durch die Entwicklung dickerer Mergelbänke. Sind diese im Trochitenkalk nur noch wenige Zentimeter stark, so werden sie hier 20-40 cm mächtig. Die Kalke sind körnig, leicht porös und besitzen eine feinere Schichtung als der Trochitenkalk. Sie bilden nicht mehr dicke, sondern lediglich 20-30 cm mächtige Bänke. Seinen Namen verdankt der Ceratitenkalk dem Kopffüßler Ceratites nodosus. Im Bliesgau bildet der Obere Muschelkalk die Decken der Hochebene. Er ist insgesamt zwischen 60 und 70 m mächtig.

Der Untere Keuper

Der Untere Keuper ist mit seiner unteren Abteilung, der Lettenkohle, nur an wenigen Stellen im südlichen Bliesgau aufgeschlossen. Er besteht aus gelblichen Dolomiten und bunten Mergeln. Die Dolomite enthalten eine typische Muschelkalkfauna und sind deshalb nur schwer von dem Oberen Muschelkalk zu unterscheiden.

Sande und Gerölle der Flüsse und Bäche

Mit dem Unteren Keuper endet die Entstehung heute noch erkennbarer geologischer Formationen in unserer Heimat. Aber damit war die geologische Entwicklung noch nicht abgeschlossen. Erst

eine länger andauernde Phase der Abtragung (Erosion) während der Eiszeit hat unserer Heimat ihr heutiges Erscheinungsbild gegeben. Aus dieser Zeit stammen auch die Sande und Gerölle der Bliesterrassen. Im Unterlauf der Blies, in der Gegend von Reinheim und Bliesmengen-Bolchen, bedecken die Bliesterrassen auf einzelnen Höhen den Muschelkalk des Bliestales. Es sind rote Sande mit gut gerundeten Geröllen, überwiegend Milchquarze, hellgraue und dunkelgraue Quarzite. Daneben findet man auch Brauneisensteinschwarten und viele Muschelkalkbruchstücke.
Die jüngsten Ablagerungen sind die Alluvionen der Täler. Diese überwiegend sandigen Ablagerungen befinden sich in allen Wasserläufen. Eine besondere Bedeutung hat hierbei der Unterlauf der Blies bei Reinheim, wo eine mehrere Meter mächtige sandige Decke dem Bliestal aufliegt. Daß diese Ablagerungen geologisch gesehen noch sehr jung sind, beweisen die Funde der derzeit dort ausgegrabenen Römersiedlungen.

Begriffserklärung

Ammonoideen (Ammonoidea)	Kopffüßler
arid (lat. aridus, trocken, dürr)	Bezeichnung für ein trockenes heißes Klima
Ceratiten	Form der Kopffüßler mit Hauptverbreitung im Oberen Muschelkalk, Leitfossil des Ceratitenkalkes
Crinoiden	Seelilien
Fazies	Bezeichnung für die Entstehungsbedingungen eines Sedimentes
fluviatil (lat. fluvius, Fluß)	von Flüssen abgelagert
klastisch (griech. klasis, das Zerbrechen)	Bezeichnung für Sedimente, deren Material aus der mechanischen Zerstörung anderer Gesteine stammt, Verwitterungsmaterial
Petrographie	Gesteinskunde, Lehre über Beschaffenheit und Entstehung der Gesteine
Sediment	Gestein, das durch die Verwitterung eines anderen Gesteins und durch Transport und Ablagerung entsteht
Trochiten	Stielreste der Crinoiden; spezielle Form Encrinus liliiformis = Leitfossil im Trochitenkalk

Geologische Zeittafel
(für Mitteleuropa)

Formation	Abteilung	Stufe	
Jura	Malm Dogger Lias		
			195 Mio. Jahre
Trias	Keuper	Oberer Mittlerer Unterer	
	Muschelkalk	O M U	
	Buntsandstein	O M U	
			225 Mio. Jahre
Perm	Zechstein	O M U	
	Rotliegendes	O U	
			280 Mio. Jahre
Karbon	Oberkarbon		
	Unterkarbon		
			345 Mio. Jahre

Literatur:

R. Brinkmann, Abriß der Geologie 2: Historische Geologie (Stuttgart 1956) — N. Theobald, Geologie des Saarlandes. Schriften der Universität des Saarlandes (Saarbrücken 1952) — G. Schmitt, Diplomkartierung südlicher Bliesgau. Geologisches Institut der Universität des Saarlandes (Saarbrücken 1984).

Georg Schmitt

Vor- und Frühgeschichtsforschung im Saar-Pfalz-Kreis

Enttäuscht darüber, daß seine Ausgrabungen im römischen Gräberfeld auf dem „Heidenhübel" bei Schwarzenacker nicht die gewünschte Ausbeute erbrachten, verlor der Maler und Architekt Johann Christian Mannlich die Geduld und delegierte die „undankbare Arbeit" an einen Substituten. Die Entdeckung einer Laokoonskulptur war ihm versagt geblieben. Die 300 „völlig gleichartigen" Gefäße gelangten in das Antiquarium des auf dem Karlsberg bei Homburg neuerrichteten Schlosses, wo sie von Herzog Carl August als Kuriosa belächelt wurden. Der Zeitgeist des ausgehenden 18. Jhs. mit seiner humanistisch verklärten Sichtweise der Antike wird in dieser Epoche recht anschaulich. Bereits 1751 veröffentlichte der Straßburger Gelehrte J. Daniel Schoepflin in seinem Werk „Alsatia illustrata" erstmals den Architekturbefund eines römischen Bauwerks aus Schwarzenacker, das er rund zwei Jahrzehnte zuvor im Auftrag des Herzogs Carl Theodor von Zweibrücken ausgegraben hatte. Das von ihm dargestellte Mauergeviert mit Hypokaustanlage deutete er als Laconicum, also als Schwitzbad. Nachdem man auf dem Wiener Kongress beschlossen hatte, die linksrheinische Pfalz Bayern zuzuschlagen, wurden die archäologischen Geschicke weitgehend von Speyer aus dirigiert. Joseph v. Stichaner, Regierungspräsident der Pfalz seit 1817, widmete sich mit großer Begeisterung der Altertumsforschung und bewies in seinen Aufsätzen im „Intelligenzblatt des Rheinkreises" einen erstaunlichen Sachverstand. Viele Fundstücke aus dem Gebiet des heutigen Saar-Pfalz-Kreises gelangten damals in die 1826 nördlich des Speyerer Doms errichtete Antikenhalle. So die Reste des Grabmals von Bierbach, die der Friedensrichter Franz Carl Dercum aus Blieskastel 1809 geborgen hatte und auch die Statue der Fortuna von Reinheim.

Es ist erstaunlich, daß es bei dem offenkundigen archäologischen Reichtum des Bliesgaus zu keiner Gründung eines Altertumsvereins kam, so wie es in den 30er und 40er Jahren des letzten Jahrhunderts z.B. in Saarbrücken, St. Wendel und Birkenfeld geschah. Interessierte Laien kümmerten sich um Fundbergungen, meldeten diese nach Speyer oder schickten das Material direkt dorthin. Mitglieder des Historischen Vereins der Pfalz unternahmen gezielte Reisen, um antike Stücke zu erwerben. So haben heute der berühmte Kentaurenkopf von Schwarzenacker und der ebenfalls von dort stammende römische Paradeschildbuckel mit der Darstellung des Ganymed ihre Heimat im Historischen Museum der Pfalz.

Aus den Reihen des ,,Historisch-antiquarischen Vereins für die Städte Saarbrücken und St. Johann und deren Umgebung'' sei der Name seines ersten Direktors, Friedrich Schröter, hervorgehoben. In seinem grundlegenden Quellenwerk ,,Über die römischen Niederlassungen und Römerstraßen in den Saargegenden'' (1846-1867) werden weite Teile des südöstlichen Saarlandes miterfaßt. Schröters akribisch zusammengetragene Beobachtungen und Informationen sind auch noch heute eine Fundgrube für jeden an der Heimatgeschichte Interessierten.

Eine wirkliche bodendenkmalpflegerische Betreuung der Kreise St. Ingbert und Homburg konnte erst ab 1908 erfolgen, als mit Friedrich Sprater in Speyer erstmals ein Berufskonservator sein Amt antrat. Erinnert sei hier nur an seine Ausgrabungen der Terra-Sigillata-Töpfereien von Blickweiler und Eschweilerhof, die in der Erforschung der römischen Tafelgeschirrmanufakturen einen wichtigen Platz einnehmen. Mit dem Ausbruch des ersten Weltkrieges wurde diesen vielversprechenden Anfängen ein jähes Ende gesetzt.

Den ersten ,,Bericht des Konservators der geschichtlichen Denkmäler im Saargebiet'' (1923) leitete Carl Klein mit folgendem Satz ein: ,,Die Einrichtung einer besonderen Verwaltung für das Saargebiet hatte zur Folge, daß auch für die Denkmalpflege ein besonderes Amt gebildet werden mußte, dem nicht nur die Überwachung geschichtlicher Baudenkmäler, sondern auch die Sammlung und Aufbewahrung von Altertumsfunden obliegt.'' Mit C. Klein, der Leiter des Hochbauamtes für Militär- und Wohnungs-

bauten gewesen war, übernahm erstmals ein ,,Einheimischer'' die Verantwortung für die denkmalpflegerischen Belange des Landes. Mit seinen innerhalb kurzer Zeit erworbenen Kenntnissen zur Vor- und Frühgeschichte sowie seinem organisatorischen und technischen Sachverstand wurde er zu einem Glücksfall für die saarländische Archäologie. So stehen etwa seine Ausgrabungen in den hallstattzeitlichen Grabhügelfeldern von Altheim und Rubenheim weit über dem damals üblichen Niveau der Grabungstechnik. Aber auch seine Bergungen merowingerzeitlicher Grabfunde in Wittersheim, Biesingen, Bliesmengen und Ommersheim fordern Respekt und Anerkennung.
Nach dem frühen Tod von C. Klein und einer kurzen Interimszeit trat im Jahre 1935 der aus Stuttgart gebürtige Franz Josef Keller

Abb. 7 Die ,,Parr'' bei Medelsheim im Bliesgau.

das Amt des Landeskonservators an. Überschattet und erheblich beeinträchtigt wurde sein Wirken durch den Zweiten Weltkrieg, der auch die völlige Zerstörung des Konservatoramtes samt seinen Akten und Archiven mit sich brachte. Dennoch war F.J. Keller 1954 mit der Entdeckung und systematischen Bergung des Fürstinnengrabes von Reinheim ein fulminanter Höhepunkt in seinen Bemühungen um die Landesarchäologie vergönnt. Auf internationalen Kongressen und zahlreichen Vortragsreisen hat er diesen sensationellen Fundkomplex frühkeltischer Zeit, zu dem er 1965 eine umfangreiche Monographie vorlegen konnte, der Öffentlichkeit bekannt gemacht.

Mit dem Schlesier Reinhard Schindler, der 1959 aus Hamburg nach Saarbrücken kam, erhielt die hiesige Vorgeschichtsforschung ganz neue Impulse. Die ihm aus Norddeutschland vertraute „siedlungsarchäologische Methode" versuchte er unter veränderten, den saarländischen Geländebedingungen angepaßten Prämissen zu übertragen. Voraussetzung waren umfangreiche Vermessungen von oberirdischen Denkmälern (Grabhügel, Burgwälle usw.) und systematische Kartierungsarbeiten bereits bekannter Fundstellen. R. Schindler sagte selbst: „Jedoch mit Karteien, Kartierungen und statistischen Erhebungen allein ist der Forschung von heute nicht mehr gedient. Erst wenn gezielte Problemgrabungen hinzutreten, schließen sich hier und da die Lücken, die das vom Zufall bedingte Sammelgut kulturgeschichtlicher Überreste nur allzu deutlich werden lassen." Als Resultat seiner vorbildlichen Arbeit legte er zum Ende seiner Saarbrücker Dienstzeit unter dem Titel „Studien zum vorgeschichtlichen Siedlungs- und Befestigungswesen des Saarlandes" nicht bloß einen Rechenschaftsbericht vor, sondern formulierte eine programmatische Konzeption, die er zukünftigen Prähistorikergenerationen mit auf den Weg geben wollte. Der Gedanke, durch exemplarische Ausgrabungsprojekte Forschungsschwerpunkte zu setzen, veranlaßte ihn auch, für die Grabungen im römischen Vicus von Schwarzenacker, wo bereits 1954 unter F.J. Keller erste, wissenschaftlich fundierte Dokumentationsarbeiten vorgenommen wurden, die Unterstützung der Deutschen Forschungsgemeinschaft anzufordern.

Dieses Projekt wurde von seinem Nachfolger Alfons Kolling mit aller notwendigen Beharrlichkeit fortgeführt und schließlich zu dessen Lebenswerk. Recht bald erkannte Kolling, daß es auch Aufgabe eines Archäologen sein müsse, die dem Boden abgerungenen wissenschaftlichen Ergebnisse und ihre Interpretationsmöglichkeiten einer breiten Öffentlichkeit greifbar nahezubringen, Geschichte erlebbar zu machen. Diese Idee fand die Unterstützung des Kreises, der Stadt Homburg, der Karlsberg Brauerei und vieler Mäzene, so daß die Pläne zu einem Freilichtmuseum nach und nach verwirklicht werden konnten.

Abb. 8 Lautzkirchen, Weiher im Bornbachtal.

In dem benachbarten, barocken Edelhaus ist eine Ausstellung eingerichtet, die nicht nur das reichhaltige Fundmaterial aus Schwarzenacker präsentiert, sondern darüber hinaus einen Überblick zur Vor- und Frühgeschichte des südöstlichen Saarlandes bietet. Eine Parkanlage mit Kopien der unvollendeten Reiterfiguren von Breitfurt und der Rekonstruktion eines gallorömischen Umgangstempels vervollständigen das geschichtsträchtige Ensemble.
Kollings Aktivitäten beschränkten sich aber bei weitem nicht nur auf Schwarzenacker. Seine Veröffentlichungen älterer Ausgrabungen, wie z.B. der römischen Villa von Bierbach oder des frührömischen Gräberfeldes vom Bliesbergerhof (beides Grabungen von C. Klein), aber auch zahlreiche Vorlagen jüngerer Forschungsergebnisse bezeugen seine Anstrengungen zu einer möglichst umfassenden Dokumentation und wissenschaftlichen Bearbeitung des Denkmälerbestandes.
Ohne die Mitarbeit von Vertrauensleuten und Heimatforschern ist die Bodendenkmalpflege kaum überlebensfähig. Ihren Beobachtungen im Gelände und Kontrollgängen auf Baustellen hat das Archiv des Konservatoramtes in ganz erheblichem Maße wertvolle Fundmeldungen zu verdanken. Stellvertretend für viele, die sich in diesem Sinne verdient gemacht haben, sei Robert Seyler († 1987) genannt; sein Spürsinn für steinzeitliche Artefakte sowie seine Forschungen am Großen Stiefel bei St. Ingbert werden stets in Erinnerung bleiben.
Das Engagement des Saar-Pfalz-Kreises zu einer intensiven Erforschung seiner kulturgeschichtlichen Zeugnisse verdeutlicht die für das Saarland bisher einzigartige Einrichtung einer Heimat- und Denkmalpflegestelle. Vom 1.8.1963 bis zu seinem Tode 1983 war Heinz Spies mit diesem Aufgabenbereich betraut. Mit großem persönlichen Einsatz und fundierten Kenntnissen widmete er sich den unterschiedlichsten Fragestellungen. Sei es in Geologie, Heraldik, Archäologie oder Flurnamenforschung, H. Spies war immer ein beliebter Ansprechpartner für Heimatforscher und ein geachteter Kontaktmann des Staatlichen Konservatoramtes. Seine nachgelassenen Aufzeichnungen zu den umfangreichen Grabungen in der römischen Villa von Erfweiler-Ehlingen konnten bis-

lang nur in einem posthum erschienenen Vorbericht gewürdigt werden. Das Amt des Heimat- und Denkmalpflegers übernahm zum 1.8.1984 Bernhard Becker, der sich vor allem mit der Herausgabe regionaler Forschungsbeiträge in der Zeitschrift „Saarpfalz. Blätter für Geschichte und Volkskunde" einen Namen erwarb.
Auf Initiative seines ersten Vorsitzenden Walter Reinhard wurde 1984 der „Archäologische Verein des Saar-Pfalz-Kreises" gegründet, der sowohl Laien als auch eine Reihe von Prähistorikern zu seinen Mitgliedern zählt. In enger Zusammenarbeit mit dem Konservatoramt hat dieser Verein in den vergangenen Jahren bewiesen, wie wichtig und hilfreich die Mobilisierung und Koordinierung privater Interessen und Aktivitäten ist. Zu einem Schwerpunkt der Vereinstätigkeit wurden — in Fortsetzung der Forschungen von C. Klein — Ausgrabungen in dem hallstattzeitlichen Hügelgräberfeld von Rubenheim.
Die Leitung der saarländischen Bodendenkmalpflege wurde 1986 dem Verfasser übertragen. Zu den Zielen zukünftiger Forschungen zählen u.a. die Publikation und wissenschaftliche Auswertung des zwischen 1974 und 1985 nahezu vollständig ausgegrabenen, merowingerzeitlichen Gräberfeldes von Altheim sowie die Verwirklichung des „Europäischen Kulturparks Bliesbruck-Reinheim", eine Aufgabe, die dem Archäologen noch viele Jahre intensiver und mühsamer Feldforschungs- und Schreibtischarbeit abverlangen wird. Darüber hinaus umfaßt ein archäologisches Programm für den Saar-Pfalz-Kreis die ständige Unterstützung und Betreuung der musealen Einrichtungen von Schwarzenacker sowie eine Fortführung der großflächig konzipierten Inventarisierung archäologischer Denkmäler.

Literatur:
A. Kolling, Funde aus der Römerstadt Schwarzenacker und ihrer nahen Umgebung (Homburg 1971). — Ders., 50 Jahre Landesmuseum für Vor- und Frühgeschichte. 60 Jahre Bodendenkmalpflege im Saarland. Saarheimat 25, H. 3, 1981, 65-72. — O. Roller, Bodenfunde und Bodendenkmalpflege in den ehemals bayerischen Teilen des Saarlandes, Saarheimat 25, H. 3, 1981, 75 f.

Andrei Miron

Die Steinzeit

Es ist erstaunlich, vom längsten Kapitel menschlicher Kultur wissen wir am wenigsten! In der Tat, was sind schon ein paar Jahrhunderte, die man — lediglich aufgrund vorhandener schriftlicher Quellen — normalerweise unter dem Begriff Geschichte zusammenfaßt, im Vergleich zu einer Million Jahre menschlichen Lebens in der sogenannten Steinzeit. Ist es wirklich sinnvoll, demnach von einer Vor- bzw. einer Frühgeschichte zu reden, als ob es eine Zeit menschlichen Handelns gäbe, die v o r der eigentlichen Geschichte stattgefunden habe? Ist es nicht eher so, daß wir dann von Geschichte reden sollten, wenn wir die ersten vom Menschen hinterlassenen Spuren feststellen können? Niemandem würde einfallen, mit dem Lesen eines Buches erst auf der vorletzten Seite anzufangen. Ähnlich muß man das Studium der menschlichen Kultur von Anbeginn an betreiben. Grundsätzlich falsch wäre es, all das, was uns heute ausmacht, geistig bzw. materiell, auf die Entwicklung in den letzten zwei Jahrtausenden, d.h. etwa in den Zeitraum, in dem schriftliche Quellen Aufschluß bieten, zurückzuführen. Vom technologischen Standpunkt aus betrachtet mag dies zum Teil stimmen, was das geistige, psychische und wirtschaftliche Leben jedoch betrifft, können wir uns nicht auf diesen „geschichtlichen" Abschnitt beschränken. Für das Verständnis der heutigen Gesellschaft ist so der Übergang vom Sammler- und Jägertum zur produktiven Feldbau- und Viehhaltungswirtschaft wichtiger als etwa der mit dem Beginn des Industriezeitalters verbundene geistig-soziale Umbruch. Was die Vor- und Frühgeschichte von der Geschichte unterscheidet, ist lediglich das Quellenmaterial, auf das der jeweilige Forscher zurückgreift. Dem einen, dem Prähistoriker und Archäologen, sind Bodenfunde, Erzeugnisse der materiellen Kultur das, was dem anderen schriftliche Zeugnisse sind. Beide müssen sich kritisch mit ihren Quellen auseinandersetzen, um zu einer ausgewogenen Interpretation zu gelangen.

Bereits im 19. Jahrhundert, als die Vor- und Frühgeschichte noch in den Kinderschuhen steckte, gliederte zum ersten Mal der dänische Forscher Christian J. Thomsen die Funde des dänischen Hofmuseums nach ihrer Materialart in drei große Perioden: die Steinzeit, die Bronzezeit und die Eisenzeit. Bald sah er, daß dieser Gliederung auch ein zeitlicher Unterschied obliegt. Nach mehr als einem Jahrhundert intensiver Forschungstätigkeit haben diese Begriffe zwar heute noch Bestand, doch sind sie nun mit einer weit gefaßten kulturgeschichtlichen Dimension versehen. Dabei steht der Mensch im Zentrum des Interesses. Nicht nur die Erzeugnisse, die Gegenstände der „materiellen Kultur", sondern auch der geistig-religiöse Hintergrund, die Wirtschaft, das soziale Gefüge sowie vor allem das natürliche Umfeld, das Biotop, sind dabei von Belang. In chronologischer Hinsicht hat sich ebenfalls einiges getan. Die Steinzeit wird nunmehr in das Paläolithikum — die Altsteinzeit —, in das Mesolithikum, — die Mittelsteinzeit — und in das Neolithikum — die Jungsteinzeit — gegliedert. Zwischen dem Neolithikum und dem Beginn der Bronzezeit ließ sich eine Übergangsperiode festlegen, die als Chalkolithikum bzw. als Steinkupferzeit bezeichnet wird. Natürlich lassen sich diese Perioden noch weiter differenzieren und regional kulturell unterteilen. Die Schwierigkeit besteht lediglich darin, daß die zur Verfügung stehenden alten Quellen in unterschiedlicher Weise und Präzision auf die verschiedenen Fragestellungen Antwort geben können. So lassen sich Oberflächenfunde einzelner Steinartefakte meist nur einer gewissen Periode, seltener aber einer bestimmten Kultur zuordnen. Lediglich moderne Grabungen, in die von vornherein alle möglichen Interessenpunkte mit einbezogen werden, erlauben an jene Informationen heranzukommen, die der Prähistoriker braucht, um seine Kulturgeschichte zu schreiben.
Beschäftigen wir uns mit der Steinzeit des Saar-Pfalz-Kreises, so fällt auf, daß das Saarland nur wenige Spuren aus der ältesten Periode der Vor- und Frühgeschichte aufzuweisen hat. Woran mag dies wohl liegen? Der „weiße Fleck" auf den meisten Kartierungen in wissenschaftlichen Bearbeitungen dieser Epoche ist sicherlich nicht so zu erklären, daß das Saarland, insbesondere der Saar-

Pfalz-Kreis, von den damaligen Menschen gemieden worden wäre, denn dafür gibt es keine natürlichen bzw. geomorphologischen Gründe. Im Vergleich zu dem, was wir aus Lothringen, Luxemburg und der Pfalz wissen, bietet gerade der Buntsandstein im nördlichen Saar-Pfalz-Kreis mit seinen steilen Abhängen und natürlichen Überhängen alle jene Voraussetzungen, die bei den bekannten paläolithischen Fundstellen der benachbarten Gebiete in der Regel immer erfüllt sind. Was hingegen die neolithische Entwicklung betrifft, ist besonders die Muschelkalkzone im Süden von großem Interesse, da vergleichbare Landschaften in unmittelbarer Nachbarschaft — insbesondere wenn man noch die fruchtbaren Schwemmböden der Blies mit dazu zählt — von den ältesten Bauern gern aufgesiedelt wurden. Blättert man zudem die saarländische Fundchronik durch, so fallen immer wieder vereinzelte Fundmeldungen auf. Es handelt sich dabei vorwiegend um augenfälligere größere Steinartefakte (vor allem geschliffene Steinbeile), die als Zufallsfunde dem Konservatoramt mitgeteilt worden sind. Sind dies etwa die wenigen Spuren nur „kurzer Streifzüge des Menschen" in der Steinzeit? Dies ist wenig wahrscheinlich. Viel eher haben wir es ganz einfach mit einer Forschungslücke zu tun. In der Tat gibt es in den fundreicheren Nachbargebieten eine meist mehrere Generationen alte Tradition lokaler Heimatforscher, die mit viel Geduld und Akribie Prospektion betrieben, d.h. gesammelt haben. Nur so konnten viele Fundstellen auch später wissenschaftlich erschlossen werden. Bis auf wenige löbliche Ausnahmen scheint es eine solche „Sammleraktivität" im Saar-Pfalz-Kreis nicht zu geben, oder aber sie ist zumindest nicht publik geworden und somit wissenschaftlich verloren.

Wir können mit Recht annehmen, daß die ersten Menschen das Gebiet des Saar-Pfalz-Kreises im Zeitalter des Acheuléen im Altpaläolithikum betreten haben. Der Name Acheuléen stammt von dem namengebenden Fundort Saint-Acheul bei Amiens an der Somme in Frankreich. Diese etwa 300000 Jahre dauernde Periode der menschlichen Geschichte, die sich geologisch von der mittelpleistozänen Warmzeit (Mindel-Riß) bis in die Riß-Eiszeit erstreckte, endete vor etwa 150000 Jahren. Großwildjäger, die anthropologisch der Gattung des Homo erectus erectus, den sogenannten Vorneandertalern, angehörten, kannten bereits das Feuer und errichteten ihre Zeltplätze vorzugsweise in windgeschützten Tälern oder aber sie nutzten natürliche Gegebenheiten wie Felsvorsprünge und Höhlen aus. Ihr Leben war gänzlich durch die Abhängigkeit von der Natur bestimmt. Obwohl aus unseren Gegenden bislang keine direkten Spuren in Form von Knochen bekannt sind, so finden sich doch von ihnen geschaffene Werkzeuge. Die Geräte wurden durch Zuschlagen des Rohsteines in ihre definitive Form gebracht. Es handelt sich dabei um sogenannte Faustkeile, die nicht aus Abschlägen, sondern aus dem Kernstück selbst gearbeitet sind. Wir reden dementsprechend im Altpaläolithikum von Kerngerätekulturen. Sind bislang aus dem Saar-Pfalz-Kreis keine derartigen Geräte bekannt, so bezeugen doch der bekannte, 1941 gefundene Faustkeil aus Ludweiler, sowie die grenznahen Stationen von Tetingen und Spichern in Lothringen eine menschliche Präsenz in unserem Raum während dieser Zeit.

Obschon mit einem gewissen Bevölkerungszuwachs zu rechnen ist, sind wir über das Mittelpaläolithikum im Saarland nicht besser informiert. Als typische Kultur ist das Moustérien nach dem Fundort Le Moustier bei Les Eyzies in der Dordogne anzuführen. Sie ist chronologisch in dem letzten Interglazial, also in der Warmzeit zwischen den Riß- und Würm-Eiszeiten von etwa 150000 bis 80000 vor unserer Zeit anzusiedeln. Träger dieser Kultur waren paläanthropine Menschenrassen, zu denen der Neandertaler und verwandte Menschenformen zählen. Es handelt sich um Gruppen halbnomadischer Sammler und Jäger, die jeweils in einem begrenzten geographischen Raum lebten und sich in saisonbedingtem Wechsel immer wieder an den gleichen Stellen niederließen. Es lassen sich unterschiedliche Siedlungsplätze feststellen: reine Jagdstationen, Schlagplätze, auf denen die lebensnotwendigen Geräte hergestellt wurden, Winterstationen; je nachdem wurden Flußterrassen, Felsüberhänge oder Freilandplätze ausgesucht. Ihre Toten setzten sie als liegende Hocker in relativ flachen Gruben in den Wohnstellen bei. Öfters liegen in ihrer Nachbarschaft Steingeräte bzw. Knochen, so daß man bereits an Beigaben den-

ken möchte. Nicht selten sind auch reine Schädeldeponierungen belegt. Auf jeden Fall bezeugen die Bestattungen Religiosität und den Glauben an ein Leben nach dem Tod. Auch in der Steinindustrie ist eine deutliche Entwicklung zu verzeichnen. Im Gegensatz zum Altpaläolithikum kommen nunmehr mannigfaltige, an die speziellen Bedürfnisse der Jagd angepaßte Geräte vor. Der klassische Faustkeil wird in eine kleinere, dreieckig spitze Form umgewandelt. Weiter erscheinen große, flächig retuschierte Schaber, beidseitig bearbeitete, relativ dünne, blattförmige Spitzen (Moustérien-Spitzen), Stichel und Bohrer. Nicht selten finden sie sich in Ablagerungen, die aus der ersten Hälfte der letzten Eiszeit stammen. Typische Funde aus dem Saar-Pfalz-Kreis fehlen bislang. Die kleinen Faustkeile von Niederlosheim (Kr. Merzig-Wadern), Saarbrücken-Eschringen, Kirrberg (Saar-Pfalz-Kreis) und Steinbach (Kr. Neunkirchen) sind jedoch Zeugen, daß auch im Mittelpaläolithikum Menschen hier lebten.
Das Jungpaläolithikum beschränkt sich chronologisch gesehen auf die zweite Hälfte der letzten Eiszeit, bis etwa 8500 Jahre vor Beginn unserer Zeitrechnung. Kennzeichnend ist das Auftreten einer neuen Menschenrasse, dem Homo sapiens, ein direkter Vorfahre des heutigen Menschen. Die bekanntesten Vertreter sind der Cro-Magnon und der Combe Capelle-Typ. Kulturhistorisch wird die Zeitspanne von etwa 30000 Jahren in drei aufeinander folgende Kulturen unterteilt: das Aurignacien, nach der namengebenden Höhle von Aurignac aus der Haute-Garonne in Südfrankreich, das Solutréen, nach der Fundstelle Solutré im Département Saône-et-Loire, sowie das Magdalénien, nach der Höhle La Madeleine im französischen Dép. Dordogne. Im Laufe der Eiszeit wechseln sich längere Kaltphasen mit kürzeren Warmphasen ab. Sie sind jeweils für das Klima und daraus resultierend für Fauna und Flora in unserem Raum von Wichtigkeit. So wechseln sich Steppenlandschaften mit weit ausgedehnten Nadelwäldern ab. Aus Lothringen und aus Luxemburg kennen wir die bevorzugten Siedlungsplätze: Höhlen, Felsdächer oder temporäre Freilandjagdstationen. In diesen extrem harten Lebensbedingungen waren allein gut organisierte Gruppen überlebensfähig. Es kam dementsprechend zu einem

entwickelten sozialen Gefüge. Man jagte das Mammut, das Wollnashorn, das Ren, das Wildpferd, aber auch Kleinwild wie Hasen. Raubtiere wurden ihrer Felle wegen erlegt. Die Toten wurden aufwendig mit all ihren Trachtbestandteilen (durchbohrte Muscheln, Zähne, Knochenamulette usw.) und weiteren Beigaben in geräu-

Abb. 9 Schädel des Cro-Magnon-Menschen von Binshof, Rheinland-Pfalz (Römermuseum Schwarzenacker).

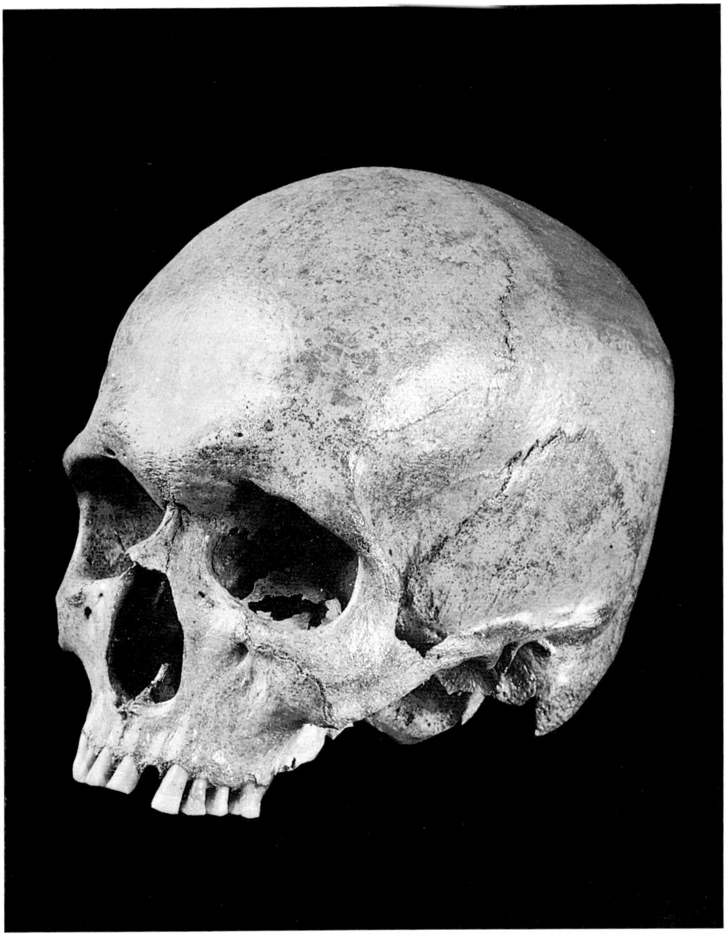

migen, nicht selten mit Ocker bestreuten Grabgruben bestattet. In den klimatisch gemäßigteren Gebieten Südfrankreichs und Spaniens zeugen eine große Anzahl von Höhlenmalereien, Kleinplastiken aus Ton und Knochen nicht nur von der Kunstfertigkeit, sondern vor allem auch von Kultvorstellungen, Religion und Magie der damaligen Menschen. Zum ersten Mal stellt sich der Mensch selbst dar. Bemerkenswert sind vor allem Venusfiguren, bei denen die Geschlechtsmerkmale sowie das Becken immer überbetont dargestellt sind und an einen Fruchtbarkeitskult denken lassen. Aber auch Jagdszenen sind von großer Bedeutung, denn die Jagd gehörte zu den wichtigsten Aktivitäten. In unseren Breiten kommen solche Darstellungen — wenn überhaupt — nur als Ritzverzierungen auf Knochen bzw. auf Geweihstücken vor. Die paläolithische Steinindustrie erreicht ihren Höhepunkt. Quarz und Quarzit werden als Rohstoff immer seltener, bevorzugt wird hingegen Feuerstein, der entweder aus lokalen Vorkommen stammt oder aber über weite Strecken herangebracht wird. Hervorragend ist vor allem die Klingentechnik: Rückenmesser, Keil- und Hochkratzer, Schaber, Sägen, Bohrer und Stichel sind die wichtigsten Gerätschaften. Dazu kommen zahlreiche Knochen und Geweihgeräte, vor allem Spitzen und Harpunen, aber auch Nadeln und Pfrieme. Die Effektivität der Speere als Fernwaffen wird durch Speerschleudern verbessert, Pfeil und Bogen werden als Jagdwaffe entdeckt.

Geräte aus dem Jungpaläolithikum sind bislang aus dem Saarland nicht bekannt. Dennoch zeigen die Fundstellen Havange (Dép. Moselle) und Saint-Mihiel (Dép. Meuse) sowie vor allem Altwies in Luxemburg, daß der Saarlorlux-Raum in dieser Zeit keineswegs menschenleer war. Die Funde und Befunde dieser Zeit häufen sich vor allem im Aurignacien. Der in unserem Raum darauf folgende Gravettien-Komplex bricht etwa 24000 Jahre vor unserer Zeit ab. Es begann die Periode des Kältemaximums während der Würm-Eiszeit. Sie bewirkte die größte Gletscherausdehnung; in den meisten Gebieten Mitteleuropas entwickelten sich Dauerfrostböden. In dieser Zeit blieben Westdeutschland, Luxemburg, Belgien und Ostfrankreich weitgehend unbesiedelt. Neueste Erkenntnisse haben ergeben, daß erst wieder mit einer ,,Belebung'' unseres Gebietes vor etwa 12000 Jahren im Spätmagdalénien zu rechnen ist. Danach läßt sich allerdings eine kontinuierliche Entwicklung bis in die Mittelsteinzeit nachweisen. Über diese letzte Periode der ,,reinen'' Steinzeit sind wir im Saarland dank der Bemühungen einiger Heimatforscher etwas besser informiert. Aber auch hier fehlen Ausgrabungen und tiefergehende wissenschaftliche Untersuchungen. Die Mittelsteinzeit umspannt den Zeitraum vom ausgehenden 9. bis zum 5. Jahrtausend v. Chr., eine Periode, in der sich das Klima allmählich erwärmte und die Gletscher sich immer weiter nach Norden zurückzogen. Es lassen sich drei Stufen der Aufwärmung feststellen: das Prä-Boreal von etwa 8200 bis 6800, das Boreal von etwa 6800 bis 5500 und das Atlantikum ab 5500. In jeder dieser Phasen existierte eine typische Vegetation: Pollenanalysen bezeugen, daß sich der Wald langsam vom Nadelwald, vom Birken- und Kiefernwald bis zum typischen Eichenmischwald hin entwickelte. Die im Jungpaläolithikum mit Vorliebe gejagten Großtiere zogen entweder nach Norden oder starben aus. Die Menschen mußten sich den neuen klimatischen Bedingungen einerseits und der daraus resultierenden neuen Fauna und Flora andererseits anpassen. Dies verlangte von ihnen, ihre Jagdterritorien immer weiter auszudehnen und eher in kleineren Gruppen von nur wenigen Familien zu leben. In einem saisonbedingten Rhythmus durchwanderten sie immer wieder das gleiche Gebiet. Wegen der Ausdehnung des Waldes bewegten sie sich hauptsächlich entlang von Flüssen, Seen und Sumpfzonen. Nicht nur mittleres Wild, sondern vor allem das in den dichten Wäldern zahlreich vorkommende Kleinwild wurde erlegt, ferner sind dem Fisch- bzw. Vogelfang neben dem Lesen und Sammeln von Wildfrüchten, Nüssen usw. eine wichtige Bedeutung zuzumessen. Die Geräteindustrie mußte sich den besonderen Gegebenheiten einer perfektionierten Jagd anpassen. Vorrangig wurde der Gebrauch von Pfeil und Bogen. Kennzeichnend für diese Periode sind die in der Regel aus Feuerstein angefertigten geometrischen Mikrolithe. Es handelt sich um dreieckige, kreissegmentförmige, aber auch viereckige Kleingeräte mit feinen, steil retuschierten, scharfen Kanten, die

Abb. 10 Mesolithische Steingeräte aus Hassel.

meist als Geschoßspitzen Verwendung fanden. Weiter treten zum ersten Mal ungeschliffene Kernbeile bzw. Spalter auf. Aus dem Mesolithikum kennen wir die ersten größeren Gräberfelder. Im Vergleich zum Jungpaläolithikum nimmt in Mitteleuropa die Bedeutung der Kunst wieder wesentlich ab.

Wenden wir uns nun unserer Region zu, so fällt wiederum auf, daß die unmittelbaren Nachbargebiete forschungsmäßig um einiges voraus sind. Gut ausgegrabene Siedlungsstellen sind in Luxemburg (Berdorf-Kalekapp, Altwies-Head) und Lothringen (Montenach, Seycheprey, Dogneville) zu verzeichnen. Aus dem Saar-Pfalz-Kreis bzw. aus dem Saarland insgesamt sind hingegen bislang nur Oberflächenfunde zu erwähnen: Sonnenberg bei Saarbrücken, Guckelsberg bei Dudweiler, Dreibannstein bei Dudweiler (alle Stadtverb. Saarbrücken), Lindenköpfchen bei Lebach (Kr. Saarlouis), Schwarzenburg bei Lockweiler (Kr. Merzig-Wadern), Schaumberg bei Tholey (Kr. St. Wendel) und Großer Stiefel bei St. Ingbert (Saar-Pfalz-Kreis). Weit mehr Fundstellen dürften aus weiteren vom Verfasser nicht eingesehenen Privatsammlungen zu erschließen sein. Von Wichtigkeit sind vor allem Höhenrücken mit Steilabhängen und ihren zahlreichen Abris, Verhältnisse, wie sie vor allem im nördlichen Saar-Pfalz-Kreis geomorphologisch gegeben sind.

Mit dem Beginn der Jungsteinzeit, dem Neolithikum, fassen wir eine der wichtigsten Stufen der menschlichen Kulturentwicklung. Es handelt sich dabei um den Übergang vom Sammler- und Jägertum zur produktiven Nahrungsmittelwirtschaft, zum Bauerntum, zur Seßhaftigkeit. Es ist die Zeit der Domestikation einzelner Wildtier- und Wildpflanzenformen. Um Land für den Bodenbau und Weideplätze zu gewinnen, wurden die fruchtbarsten Böden aufgesucht, der Wald gerodet. Der Mensch greift somit zum ersten Mal spürbar in den normalen Ablauf der Natur ein und verändert ihn zu seinem Vorteil. Wir haben es jedoch nicht mit einer plötzlich auftretenden wirtschaftlichen und geistigen Revolution zu tun, sondern mit einem sich langsam vollziehenden Prozeß, mit einer kontinuierlichen Entwicklung vom Spätmesolithikum bis zum Frühneolithikum. Diese fand allerdings nicht in Mitteleuropa statt, sondern im Industal und im Vorderen Orient. Von dort aus verbreitete sich die bereits voll entwickelte neolithische Kultur mit einer gewissen zeitlichen Verschiebung zuerst nach Griechenland, über den Balkan bis hin nach Mitteleuropa. Will man das heimische Neolithikum verstehen, so kommt man nicht umhin, sich mit den Gegebenheiten im Karpatenbecken zu befassen und vor allem auch das dort etablierte Chronologieschema zu übernehmen. Vom Karpatenbecken aus wird Mitteleuropa in unterschiedlichen ,,Kolonisationswellen'' erschlossen. Diese ersten europäischen Bauern trafen allerdings nicht auf ein menschenleeres Gebiet, sondern hier lebten nach wie vor Spätmesolithiker in ihrer alten Jäger- und Sammlertradition. Da durch die Landnahme der Neolithiker ihr natürliches Biotop erheblich gestört wurde, blieb ihnen nach kur-

zer Zeit keine Wahl: sie wurden entweder assimiliert oder wanderten nach Norden ab.
Eine frühneolithische Besiedlung ist für unsere Räume auszuschließen. Erst im Mittelneolithikum um etwa 4000 v. Chr. expandierte eine entwickelte Form der westlichen Linearbandkeramik (LBK) über ganz Mitteleuropa bis hin in die Niederlande im Norden und das Pariserbecken im Westen. Aufgesiedelt wurden in erster Linie die fruchtbaren Lößböden und erst an der Peripherie des Verbreitungsareals, zu der auch das Saarland zählt, Muschelkalkböden. Zahlreiche Fundstellen informieren uns über Siedlungen und Lebensweise der Träger der LBK-Kultur. Charakteristisch sind rechteckige Langhäuser von bis zu 8 m Breite und 40 m Länge mit drei Reihen von Trägerpfosten in der Mitte und jeweils einer für die Wände. Letztere waren durch ein Flechtwerk aus Geäst miteinander verbunden und mit Lehm verstrichen. Längliche Gruben dienten primär der Lehmentnahme und wurden später als Abfallgruben weiter genutzt. Meist sind mehrere solcher Häuser zu einem „Dorf" zusammengeschlossen. Größere Gräberfeldgruppen mit einheitlichen Bestattungssitten sind bekannt. Bestattet wurden die Toten in ovalen, relativ flachen Gruben meist als auf der linken Seite liegende Hocker mit vor dem Gesicht verschränkten Händen. Trachtbestandteile, Geräte und vor allem Keramik wurden mit ins Grab gegeben. Vereinzelt sind die Grabgruben mit Ocker ausgestreut. Gelebt haben die Menschen vorwiegend von der Tierhaltung und dem Bodenbau; Wildknochen machen in den Siedlungen in der Regel weniger als 10 % der Tierknochen aus. Kennzeichnend sind hingegen Knochen von domestizierten Rindern, Schwein, Schaf und Ziege. Die beiden letztgenannten Tiere sind in ihrer Wildform in Europa unbekannt und sind voll domestiziert vom Orient nach Europa gelangt, wo hingegen die anderen Tierformen gelegentlich zur Aufbesserung des Bestandes mit den heimischen Wildformen gekreuzt wurden. Der angebaute Emmer (Triticum dicoccum) sowie die Gerste (Hordeum vulgare) stammen aus dem Orient; sie kommen als Wildpflanze in Europa nicht vor. Die nun zum ersten Mal auftretende Keramik kann mit umlaufenden Spiral- bzw. Winkelbändern verziert sein, die in ei-

Abb. 11 Neolithische Steinäxte.

ner entwickelten Phase mit Kammstrichlinien gefüllt sind. Von der Form her handelt es sich um Kümpfe, Flaschen und Schalen mit kugeligen Böden. Auch in der Steinindustrie ist ein gewichtiger Unterschied zum Spätmesolithikum festzustellen. Es treten die ersten geschliffenen Beile und Keile auf, ansonsten dominieren aus Klingen hergestellte Geräte, so etwa in Holz oder Horn eingesetzte Sichelstücke, querschneidige Pfeilspitzen usw. Für das Saarland fehlt der sichere Nachweis für eine mittelneolithische Besiedlung. Genauer gesagt, es wurden bislang keine LBK-Scherben gefunden. Einzelne Steingeräte weisen zwar schon in diese Richtung, jedoch reichen sie für eine sichere Zuweisung nicht aus. Die zahlreichen Fundstellen aus Luxemburg, Lothringen und der Pfalz deuten jedoch darauf hin, daß wir es im Saarland am ehesten mit einer Forschungslücke zu tun haben. Möglicherweise läßt sie sich dadurch erklären, daß die in Frage kommenden fruchtbaren Talauen der Saar und der Blies zu stark mit jungquartären Schwemmablagerungen bedeckt sind.

Im Spätneolithikum ist für unseren Bereich der westliche Zweig der Rössener Kultur von Wichtigkeit. Er entspringt aus der in der Pfalz, Baden-Württemberg, Rheinhessen und im Elsaß verbreiteten Großgartachergruppe, der ihrerseits im gleichen Gebiet die auf der LBK fußende Hinkelsteingruppe vorangegangen war. Charakteristisch sind nunmehr trapezoide Langhäuser ohne Lehmentnahmegruben. Die Toten wurden in gestreckter Rückenlage bestattet. Die klassische Rössener Keramik ist häufig mit flächenfüllenden tiefen Einstichen verziert, wobei horizontale, ausgesparte Zickzack- und Winkelbänder das eigentliche Muster ergeben. Was eine Verbreitung dieser Kultur im Saarland betrifft, sind neben etlichen Steinartefakten einige kleinere Scherben aus der ehemaligen Sammlung Spies zu erwähnen. Insgesamt ist auch für das Spätneolithikum der Forschungsstand mehr als unbefriedigend.
Mit der Steinkupferzeit endet der große unter dem vagen Begriff Steinzeit zusammengefaßte Komplex von Kulturerscheinungen. Obwohl bislang ausgegrabene Befunde fehlen, bezeugen zahlreiche Funde vom Großen Stiefel sowie diverse andere Lesefunde aus dem Saar-Pfalz-Kreis, daß wir mit einer dichteren Besiedlung zu rechnen haben. Unmittelbar auf Rössen folgt in der Frühkupferzeit in unserem Raum die Michelsbergkultur. Ihren Namen hat sie von dem Fundort Michelsberg (Kr. Bruchsal) in Baden-Württemberg, verbreitet ist sie in den nördlichen Gebieten der westlichen Rössener Kultur. Obwohl die Verarbeitung von Kupfer noch weitgehend keine Rolle spielt, so erlaubt die strukturelle Zusammensetzung der Michelsbergkultur dennoch, sie in den großen Komplex der donauländischen bzw. balkanischen chalkolithischen Kulturen einzubinden. Die sozialen, wirtschaftlichen und religiösen Veränderungen im Vergleich zum Neolithikum sind bedeutend. Die Siedlungen wirken durchorganisiert. Charakteristisch sind kleine viereckige Häuser mit zwei Räumen und einer Herdstelle. Nicht selten sind Höhensiedlungen mit Abschnittsgraben und Palisadenzäunen, die sicherlich als Befestigungen gedient haben. Sie konnten nur durch eine zentral gesteuerte Gemeinschaftsleistung errichtet werden. Ähnlich verhält es sich mit den riesigen unterbrochenen Grabensystemen, die in der Ebene ohne jeden

strategischen Wert angelegt wurden und deren Innenfläche nie Besiedlungsreste aufweist (z.B. Urmitz, Kr. Mayen-Koblenz). Ihnen mißt man entweder eine Bedeutung als Viehkral oder aber als Kultstätte zu. Über die Bestattungssitten sind wir nur spärlich informiert. Neben isolierten Einzelbestattungen — nicht selten unter Felsüberhängen — sind zum erstenmal die für das Chalkolithikum charakteristischen Kollektivgräber zu erwähnen, in denen die Toten in bereits zum Teil skelettiertem Zustand beigesetzt wurden. Das räumlich nächstgelegene Beispiel dieser Art ist das Felsspaltengrab vom Rudemont bei Arnaville im Département Meurthe et Moselle. Für ähnliche Bestattungen würde auch der saarländische Buntsandstein die besten geomorphologischen Voraussetzungen bieten.
Wesentliche Neuerungen gibt es zudem auf dem Gebiet der Tierhaltung; man kann nun mehr von regelrechter Viehzucht sprechen. Die Tiere wurden nicht allein wegen ihres Wertes als „lebende Fleischkonserven", sondern vor allem auch wegen des weitergehenden wirtschaftlichen Nutzens gehalten. Beim Rind sind eine gezielte Milchproduktion und der Einsatz als Zugtier von primärer Wichtigkeit. Wagenmodelle aus Ton bezeugen das Vorkommen des Rades. Mit der Pferdedomestikation gehen die ersten archäologisch nachweisbaren Trensen einher. Dies alles bedingt eine wesentlich größere Mobilität der Bevölkerungsgruppen. Im Ackerbau ist der Hakenpflug sicher nachgewiesen. Er bewirkt eine bessere Auflockerung der Erde und ermöglicht einen effizienteren Getreideanbau. Für das Verständnis der gesellschaftlichen Struktur ist wichtig, daß es neben der reinen Nahrungsmittelproduktion, wie wir sie aus dem Neolithikum kennen, nun zur spezialisierten Produktion von Verbrauchsgütern kommt. Die benötigten Rohstoffe, z.B. der Feuerstein, wurden bereits in regelrechten Bergwerken abgebaut (z.B. Spiennes in Belgien) und je nach Güte weit verhandelt. Das eindrucksvollste, wenn auch etwas jüngere Beispiel ist zweifelsohne der Grand-Pressigny Feuerstein, der in Knollen-, besonders aber in der Klingenform nicht nur im Massif Central, sondern in ganz Frankreich, in Belgien, Holland, Norddeutschland und in der Schweiz anzutreffen ist.

Zum erstenmal gab es in der Gesellschaft Gruppen, die nach ihrer beruflichen Tätigkeit zu unterscheiden waren.
Formtypologisch läßt sich Michelsberg leicht von Rössen absetzen. In der Steinindustrie sind breite, lange Klingen sowie große Steinbeile kennzeichnend. Die Keramik greift auf eine wesentlich gesteigerte Formenpalette zurück. Charakteristisch sind Gefäße mit einem großen weitmündigen Rand und einem kugeligen Körper ohne Standfläche; ihrer Form nach werden sie als Tulpenbecher bezeichnet. Es kommen Töpfe, Flaschen und Schüsseln vor. Ihnen allen ist der trichterförmige Rand gemein. Weiter sind Schöpfer, bzw. Löffel und sogenannte Backteller von Bedeutung. Die meisten Gefäße sind unverziert und besitzen eine geglättete bis rauhe Oberfläche. Vereinzelt kommen Schnurösen und, besonders am Rand, Fingertupfenverzierungen vor.
Am Ende der Michelsbergkultur werden das Saarland und Lothringen in der Mittelkupferzeit von den östlichen Ausläufern der Seine-Oise-Marne Kultur (SOM) beeinflußt. In ihrem Kerngebiet handelt es sich um eine weiterentwickelte atlantische Megalithkultur mit Kollektivbestattungen in Ganggräbern, Felskammern und Felsspalten. Vermutlich bilden die saarländischen Befunde eine Art Bindeglied zwischen den Megalithbauten Nordrhein-Westfalens, Hessens und der eigentlichen SOM-Kultur im Pariser Bekken. Grabfunde, wie wir sie aus dem nahen Lothringen (z.B. Novéant im Dép. Moselle) kennen, sind bislang aus dem Saar-Pfalz-Kreis bzw. aus dem Saarland nicht bekannt. Etwa in diesen Zeitabschnitt sind der Gollenstein bei Blieskastel und der Spillenstein bei Rentrisch zu setzen, wobei jedoch darauf hingewiesen werden muß, daß eine genaue Datierung von Menhiren meist mangels datierender Beifunde schwer möglich ist.
Die Späte Kupferzeit wird im Saarland und den angrenzenden Gebieten durch die Glockenbecherkultur sowie vermutlich durch Ausläufer der nordischen Einzelgrabkultur gebildet. Mit der Glockenbecherkultur läßt sich das Saarland wieder in einen paneuropäischen Kulturkomplex einordnen. Glockenbecherfunde finden sich von Spanien und Sizilien im Süden bis nach England und Dänemark im Norden, von der Bretagne im Westen bis nach

Polen und Ungarn im Osten. Grabfunde sind in großen Mengen ausgegraben, Siedlungen hingegen bislang weitgehend unbekannt. Die Gräber vermitteln einen guten Überblick über die Trachtgepflogenheiten sowie über den technischen Stand am Ende der Kupferzeit. Charakteristisch sind Nord-Süd orientiert liegende Hockerbestattungen. Die archäologischen und anthropologischen Untersuchungen haben erbracht, daß Frauen mit dem Kopf im Süden auf der rechten Seite, Männer mit dem Kopf im Norden auf der linken Seite liegend bestattet worden sind, und ihr Blick einheitlich nach Osten gerichtet war. Man spricht demnach von einer geschlechtsspezifischen, bipolaren Bestattungssitte. Die Gräber, meist handelt es sich um Flachgräber, sind in kleineren Gräberfeldern zusammengeschlossen. Neben dem typischen mit Stempeleindrücken oder Einritzungen in Zonen verzierten Glockenbecher sowie Füßchenschalen mit schräg nach innen abgestrichenem Rand, finden sich im Osten des Verbreitungsgebietes vermehrt Becher mit einem randständigen Henkel, die in der Forschung den

Abb. 12 Kupferzeitliche Steinbeile.

Namen „Begleitkeramik" tragen. Neben der Keramik finden sich in den Gräbern sogenannte Armschutzplatten aus Stein, charakteristische dreieckige bzw. geflügelte Pfeilspitzen aus Feuerstein, kleine trianguläre Dolchklingen aus Kupfer und V-förmig durchbohrte konische Knochenköpfe. Die Dolche bezeugen eine bereits hoch entwickelte Kenntnis der Metallurgie. Aus dem Saarland sind bis zu diesem Zeitpunkt lediglich einzelne Armschutzplatten sowie Silexpfeilspitzen bekannt. Auf eine gewisse Beeinflussung unseres Raumes durch die Gräber der Einzelgrabkultur deuten Einzelfunde von typischen Steinäxten sowie Keramikfragmente aus Hassel (Saar-Pfalz-Kreis) hin.

Literatur:

A. Kolling, Silexklingen aus dem Saarland. BDS 13, 1966, 49-56. — J. Lichardus u. M. Lichardus-Itten, La protohistoire de l'Europe. Le Néolithique et le Chalcolithique entre la Méditerranée et la mer Baltique (Paris 1985). — H. Spies, Neue steinzeitliche Funde auf den Gemarkungen von Hassel und Oberwürzbach. BDS 23, 1976, 39-50.

Frenz Bertemes

Die Bronzezeit

Der im Vergleich zur Steinzeit relativ kurze Zeitraum von etwas mehr als tausend Jahren, den man allgemein für die Bronzezeit in Anspruch nimmt, läßt sich kulturhistorisch in drei Bereiche teilen: die Frühbronzezeit, die Mittelbronzezeit, auch Hügelgräberbronzezeit genannt, sowie die Spätbronzezeit oder Urnenfelderzeit. Für die innere Gliederung werden allgemein die von Paul Reinecke am Anfang dieses Jahrhunderts festgelegten Zeitstufen (Reinecke A-D) benutzt, auch wenn sie im Laufe der Zeit von unterschiedlichen Forschern wesentlich verbessert wurden. Die Stufe D sprach Reinecke ursprünglich als die letzte bronzezeitliche Stufe an; inzwischen weiß man jedoch, daß sie die erste Stufe der Urnenfelderzeit, der sogenannten Spätbronzezeit darstellt. Am Anfang glaubte Reinecke, daß darauf unmittelbar die ältere Eisenzeit, die sogenannte Hallstattzeit folgte. Relativ bald wurde jedoch klar, daß die beiden ersten der in insgesamt vier Stufen (Hallstatt A-D) untergliederten Hallstattzeit als kulturhistorische Fortsetzung der Urnenfelderkultur anzusehen sind. Demnach dauerte die eigentliche Spätbronzezeit bis Hallstatt B an.
Über die einzelnen bronzezeitlichen Kulturperioden im Saarland sind wir unterschiedlich gut informiert. Am wenigsten wissen wir über die etwa 1800 v. Chr. beginnende Frühbronzezeit. Untersuchungen des Instituts für Vor- und Frühgeschichte des Saarlandes auf der Fundstelle in Hassel sowie deren Interpretation machen es heute wahrscheinlich, daß das Saarland sowie der gesamte Saar-Mosel-Raum in einer frühen Phase der Frühbronzezeit in einer kupferzeitlichen Tradition weiterlebt und noch enger als in der Spätkupferzeit mit der Entwicklung am Niederrhein und in Nordwestdeutschland verknüpft ist. In Bändern ritzverzierte relativ dünnwandige Scherben aus Hassel, die Funde aus der Nachbestattung in der Steinkiste von Montenach (Dép. Moselle) und aus Schankweiler (Kr. Bitburg-Prüm) sind am ehesten in dem nordwestdeutschen Riesenbecherhorizont unterzubringen. Auch der

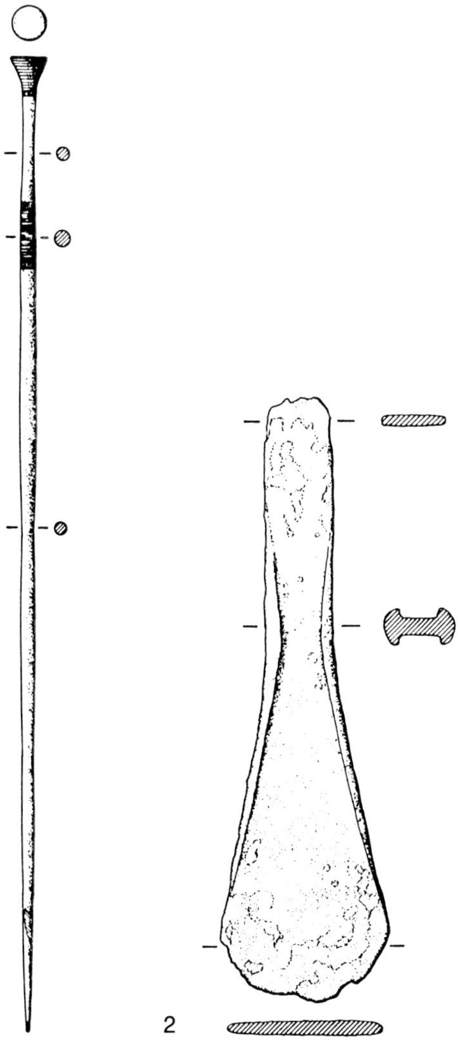

1 2

Abb. 13 1 Reinheim, Gewandnadel aus Bronze.
2 Homburg-Einöd, Randleistenbeil aus Bronze, M 1:2.

aus nordischem Feuerstein hergestellte beidseitig flächig bearbeitete Silexdolch aus Niedaltdorf (Kr. Saarlouis) weist in die gleiche Richtung. Wenn dem so ist, können wir nicht damit rechnen, hier eine danubische, aus der Glockenbecherkultur entwickelte frühbronzezeitliche Kultur wie die südlich anschließende Adlerberg Kultur aus dem Rhein-Main-Tiefland anzutreffen. Erst am Ende der Frühbronzezeit kommt es im Saarland zu einer stärkeren Beeinflussung durch südwestdeutsche Kulturgruppen. Es sind hauptsächlich Einzelfunde von Randleistenbeilen, wie etwa das Exemplar aus Homburg-Einöd aus dem Saar-Pfalz-Kreis, die dies verdeutlichen. Sie sind keine einheimischen Erzeugnisse und können typologisch an das Ende bzw. an den Übergang von der Frühbronzezeit zur Mittelbronzezeit gesetzt werden. Über die Besiedlung, die Gesellschaftsordnung, die Religion sowie über die meisten anderen kulturellen Aspekte unserer Region während dieser ersten Phase der Bronzezeit sind wir nicht informiert. Über das Totenritual können lediglich die Befunde aus Montenach und aus Schankweiler Auskunft geben. In beiden Fällen wurden bewußt mittelkupferzeitliche Steinkistengräber aufgesucht und ausgeräumt, um einer epikupferzeitlichen Bestattung Platz zu machen. In der Mittelbronzezeit gehört der Saar-Mosel-Raum kulturell wieder zu Südwestdeutschland. Vom Karpatenbecken bis nach Ostfrankreich, von den Alpen bis nach Niedersachsen erstreckt sich der große Komplex der Hügelgräberkulturen. Sie alle zeichnen sich durch ein weitgehend identisches Totenritual aus, das auf gemeinsame religiöse Vorstellungen und somit gleichen Jenseitsglauben schließen läßt. Kennzeichnend sind Bestattungen in gestreckter Rückenlage unter Grabhügeln. Im Gegensatz zu den Flachgräberfeldern der Frühbronzezeit, in denen die Hockerbestattung vorherrschte, werden die Gräberfelder nun nicht mehr in den fruchtbaren Tälern oder auf Terrassen angelegt, sondern bevorzugt auf Bergrücken. Als weitere gemeinsame Faktoren sind nicht nur identische metallurgische Kenntnisse, sondern auch Waffen- und Schmucktypen zu erwähnen. Der Dolch, das Beil, die Lanze und das Schwert bilden die Bewaffnung des Mannes. Alle europäischen Gräber lassen auf eine vergleichbare soziale

Gliederung schließen. Insgesamt sind nur wenige Siedlungen bekannt. Man geht davon aus, daß der Hauptwirtschaftszweig die extensiv in großen Herden betriebene Viehzucht gewesen ist. Lokale Unterschiede kann man am besten aus der Keramik herauslesen. Sie läßt sich meist kontinuierlich von derjenigen der vorangegangenen frühbronzezeitlichen Kultur herleiten. Der Saar-Mosel-Raum gehörte der Mittelrhein-Nahe Gruppe an, obwohl, wie wir gesehen haben, die frühbronzezeitliche Entwicklung in diesem Raum eine ganz andere war. Grabhügel sind bekannt aus Saarwellingen, Limbach (Kr. Saarlouis) und Nunkirchen (Kr. Merzig-Wadern). Ebenfalls aus einem Hügelgrab dürfte die Nadel aus Reinheim stammen. Das bislang eindrucksvollste Grab ist jedoch das bereits im 19. Jahrhundert aufgedeckte Grab aus Lautenbach (Kr. Neunkirchen). Es enthielt eine typische Radnadel, eine Nadel mit geschwollenem durchlochten Hals sowie zwei Spiralbeinbergen mit Mittelgrad. Nicht unerwähnt bleiben darf auch das Depot von Tünsdorf (Kr. Merzig-Wadern). Es enthielt 14 charakteristische Absatzbeile der Stufe Reinecke C. Alles in allem kann man davon ausgehen, daß eine weit größere Anzahl an mittelbronzezeitlichen Hügelgräbern im Saarland zu vermuten ist. Ohne Ausgrabungen lassen sich jedoch eisenzeitliche Hügel nicht von ihren älteren Vorgängern unterscheiden. Mit der Urnenfelderzeit befinden wir uns zum erstenmal in einem etwas besser erforschten Bereich der saarländischen Vorgeschichte. Wie der Name bereits sagt, setzt sich im dreizehnten Jahrhundert v. Chr. in Europa allmählich ein neues Totenritual und ein neuer Jenseitsglaube durch. Deutlich wird dies in der Brandbestattung. Sie deutet auf vergeistigte, metaphysische Vorstellungen des Lebens nach dem Tod hin, in denen der Körper sich lediglich als eine materielle, an das Diesseits gebundene Hülle erweist. Um die Seele nach dem Tod zu befreien und zu reinigen, wird der Körper verbrannt. Der Leichenbrand wird in Urnen beigesetzt oder seltener direkt in die relativ seichten Grabgruben gestreut. Im Laufe der etwa 450 Jahre dauernden spätbronzezeitlichen Entwicklung wuchsen die Bestattungsareale oft zu „Urnenfeldern" heran, die mehrere hundert Bestattungen bargen. Der Ursprung dieser Sitte läßt sich räumlich nicht genau nachvollziehen. Urnenfelder finden sich in fast ganz Europa, von Südrußland bis nach Westfrankreich, von Spanien und Italien bis nach Holland. Ausgenommen sind lediglich Regionen, die dem sogenannten ,,nordischen Kreis'' angehören. Innerhalb dieses großen Gebietes ist das Fundspektrum keineswegs einheitlich, so daß sich zahlreiche regionale Kulturen voneinander abheben.

Vereinzelte Brandbestattungen sind bereits seit dem Neolithikum bekannt. Brandbestattungen, die man jedoch als direkte Vorläufer ansehen kann, finden sich erst in der Mittelbronzezeit. Durchsetzen konnte sich der neue Brauch schließlich in der Stufe Reinecke D. Der Übergang von der Mittelbronzezeit zur Spätbronzezeit verläuft keineswegs abrupt. Es ist interessant festzustellen, daß besonders in Randgebieten, zu denen ja auch das Saarland gehört, die Körperbestattungssitte nicht ganz aufgegeben wurde oder aber der Leichenbrand in Grabgruben gestreut wurde, die ihrer Größe nach als Körpergrab konzipiert waren. So wurde in Einöd-Schwarzenacker im Saar-Pfalz-Kreis der Tote als Rückenstrecker in einer hölzernen Grabkammer von 2,50 m Länge auf 1,00 m Breite beigesetzt, in Losheim (Kr. Merzig-Wadern) wurde die Asche in einer 1,80 m langen und 0,80 m breiten Grabgrube ausgestreut. Auch die mittelbronzezeitliche Sitte, Hügel als oberirdische Grabarchitektur zu errichten, wurde vereinzelt beibehalten. Bei den Gräbern aus Altheim, Breitfurt und Böckweiler (alle Saar-Pfalz-Kreis) handelt es sich um Leichenbrandbestattungen unter einem Grabhügel. Daneben treten in unserem Gebiet ab der Stufe Hallstatt A auch richtige Urnenfelder ohne oberirdischen Grabbau auf. Sie wurden nun nicht mehr auf markanten, von weitem sichtbaren Höhenrücken, sondern mit Vorliebe in Tälern, genauer gesagt auf Flußterrassen, angelegt. Ideale Möglichkeiten boten vor allem die Täler der Blies und der Saar. Die Entdeckung solcher Gräberfelder — sie sind heute oberirdisch nicht mehr sichtbar — erfolgt meist nur rein zufällig durch mit Baumaßnahmen verbundenen Erdarbeiten. Wir müssen davon ausgehen, daß eine große Zahl von Nekropolen bislang noch unerkannt im Boden ruht. Was die Konstruktion der Flachgräber betrifft, lassen sich einfache Urnengräber, Urnengräber unter Steinplatten, unter Steinpackungen und Steinkistengräber unterscheiden. Kontinuierlich vollzieht sich am Ende der Stufe Hallstatt B wieder der Übergang von den Brandbestattungen in Flachgräbern zu den für die ältere Eisenzeit charakteristischen Körperbestattungen in Hügelgräbern — eine Sitte, die im Saar-Mosel-Raum sowieso nie ganz aufgegeben worden war. Eine eigenartige Erscheinung der Spätphase der Urnenfelderzeit sind die sogenannten Langhügel. Diese hauptsächlich aus dem Mittelrheingebiet bekannten, oft bis zu 100 Meter langen Hügel können die Gräber einer ganzen Sippe enthalten. Ein solcher Langhügel kommt auch in der Nekropole von Altheim im Saar-Pfalz-Kreis vor.

Was die Gliederung des Fundstoffes betrifft, stehen neben der Keramik vor allem Trachtbestandteile, Toilettengeräte und in seltenen Fällen Waffen aus den Gräbern zur Verfügung. Sie sind jedoch oft, da sie größtenteils mit auf den Scheiterhaufen gegeben worden sind, bis zur Unkenntlichkeit zerstört, wodurch das Fundbild stark verzerrt wird.

Dennoch ist es ob der großen Anzahl von Gräbern möglich, statistische Auswertungen vorzunehmen, die Rückschlüsse zur Chronologie sowie Beigaben- und Trachtsitte ermöglichen. Zur Spätbronzezeit herrschte im Vergleich zu den vorangegangenen Epochen bereits ein ausgeprägtes, sich schnell wandelndes Modebewußtsein. Zudem stehen in größerem Umfang Funde aus Siedlungen sowie aus Horten zur Verfügung. Am Anfang der Stufe Reinecke D sind in der Keramik noch mittelbronzezeitliche Traditionen zu finden. Dann kommt es zur Herausbildung der im Schulterbereich senkrecht „leichtgerillten Ware" und der typischen Zylinderhalsurne. Die Zylinderhalsurne hat bis zu einer frühen Phase von Hallstatt B weiter Bestand. Das Gefäß wird profilierter, der Hals ausgeprägter. Die senkrechte Rillenzier wird zu Gunsten der Kammstrichverzierung aufgegeben. Horizontale Rillen sowie Wolfszahnmuster auf der Gefäßschulter sind die typische Verzierung der im Anschluß vorkommenden Schrägrandurnen.

Was das Siedlungswesen betrifft, läßt sich gegenüber der Mittelbronzezeit ein deutlicher Unterschied feststellen. Ab Reinecke D mehren sich die Siedlungen merklich. Wie die Verbreitungskarten deutlich zeigen, wurden vor allem die fruchtbaren leichten Schwemmböden der Täler aufgesiedelt. Die Siedlungen selbst liegen mit Vorliebe auf alten Flußterrassen. Es handelt sich meistens um kleinere offene Dörfer, in deren unmittelbarer Nähe sich ein Gräberfeld befindet. Die typischen Häuser sind entweder quadratische oder rechteckige, einschiffige oder zweischiffige Pfostenbauten mit einer zentralen Herdstelle. Das bei den Ausgrabungen geborgene Fundmaterial beschränkt sich in der Regel auf eine große Anzahl an Scherben. Daneben zeugen Bronzesicheln und Handmühlen von der landwirtschaftlichen Tätigkeit der Bewohner. Desweiteren gehören Spinnwirtel, Webgewichte und Feuerböcke in Form einer mit den Spitzen nach oben gekehrten Mondsichel zur Standardausrüstung. Neben den Flachsiedlungen kommen in größerem Maß befestigte Höhensiedlungen vor. Sie sind meist an strategisch günstigen und somit exponierten Plätzen angelegt. Umgeben waren sie mit einem System von schützenden Wällen, Gräben und Palisaden. Das Innere der Anlage war stadtartig bebaut. Nicht selten lassen sich Handwerksviertel, Kultanlagen und Herrschaftshäuser feststellen. Die befestigten Siedlungen waren offensichtlich Verwaltungs-, Kult- und Handelszentren für bestimmte Regionen. Die zahlreichen urnenfeldzeitlichen Lesefunde sowie die strategisch günstige Lage des Großen Stiefels bei St. Ingbert lassen auf eine solche wichtige Stellung schließen.

Die spätbronzezeitliche Gesellschaft war bereits stark gegliedert. Dies macht nicht nur das Siedlungswesen deutlich, sondern vor allem auch das Totenritual. Es gab Herrscher mit Herrschaftssitzen, die sich oft abgesetzt vom normalen Gräberfeld in ,,voller Montur'' bestatten ließen. Solche Gräber liegen uns sicher aus Homburg ,,Auf dem Wacken'' vor. Der exponierte Aspekt wird durch die Mitgabe eines Griffzungenschwertes, einer Lanzenspitze und Pfeilspitzen unterstrichen. Aber auch die restlichen Beigaben sind überdurchschnittlich reich. In den Gräbern wie in den Siedlungen finden sich Spuren eines stark spezialisierten Handwerks. Herrscher, Handwerker, Händler, sie alle setzten sich von der normalen Landbevölkerung ab. Eine gut funktionierende Landwirtschaft war jedoch die Voraussetzung einer derart strukturierten Gesellschaft. Wie die Siedlungsfunde belegen, wurden vor allem die fruchtbaren Schwemmböden der Täler als Ackerland genutzt. Neben diversen Getreidearten wurden Erbsen, Saubohnen, Kohl und Rüben angebaut. Beim Pflügen bediente man sich des durch Rinder gezogenen Hakenpflugs. Geerntet wurde mit Bronzesicheln, gemahlen mit kleinen steinernen Handmühlen. Viehwirtschaft wurde scheinbar vor allem auf schwereren Böden betrieben. Das Pferd, dessen Fleisch auch verzehrt wurde, gehörte nunmehr zum festen Viehbestand. Als weitere Erwerbsgrundlage standen natürlich weiterhin Jagd und Fischerei zur Verfügung. Es stellt sich diesbezüglich zu Recht die Frage, ob Pfeilspitzen als Waffen oder aber als Jagdgerät gedient haben. Gejagt wurden vor allem das Wildschwein, Reh und Hirsch sowie Bären und diverse Vogelarten.

In der Spätbronzezeit kam es zu einer regelrechten Blüte des Metallhandwerks. Auch wenn sichere Belege bislang fehlen, ist es

Abb. 14 Reinheim, ritzverzierte Hohlblechringe aus dem spätbronzezeitlichen Hortfund.

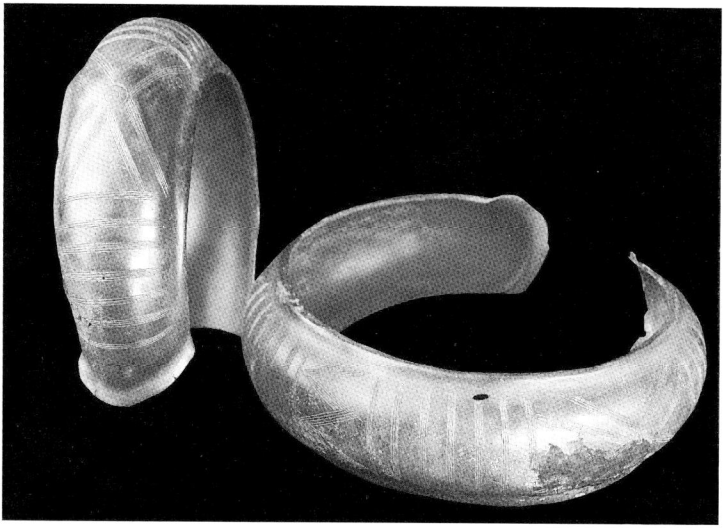

durchaus möglich, daß bereits in dieser Zeit saarländische Kupfervorkommen abgebaut worden sind. Günstige Voraussetzungen bieten vor allem die Vorkommen in Wallerfangen (Kr. Saarlouis) und der Blauberg (Saarbrücken-St. Arnual). Die Bronzegußtechnik wurde perfektioniert. Man kannte den Guß in bleibender und in verlorener Form. Mehrteilige Gußformen, meist aus Stein geschnitten, dienten zur Herstellung von Waffen, Sicheln usw. Schmuckstücke hingegen wurden eher in Tonformen gegossen, die nach dem Abkühlen des Metalls zerschlagen wurden. Wesentliche Neuerungen waren der Überfangguß, der Verbundguß und der Mehrfachguß. Sie ermöglichten kompliziertere, aus mehreren Einzelteilen zusammengesetzte Gegenstände, wie etwa die ersten Speichenräder aus Bronze, zu einer Einheit zusammenzuschmelzen. Um die dafür benötigte leicht zu gießende Metallegierung zu erreichen, mischte man der aus der Frühbronzezeit bekannten Kupferzinnlegierung einen erheblichen Anteil Blei bei. Neben dem Gußverfahren wurde natürlich weiterhin die Treibtechnik beim Erstellen von Bronzegefäßen, Rüstungsteilen (Panzer, Helm, Beinschienen) und Schmuck angewendet. Besonders erwähnenswert ist in diesem Zusammenhang vor allem das Goldhandwerk. Goldgefäße und sogenannte Goldkegel, z.B. der bereits 1835 gefundene „goldene Hut von Schifferstadt" (Kr. Ludwigshafen), sind nur aus Hortfunden bekannt. Material, Form und Verzierung heben sie aus der Sphäre des Alltäglichen heraus in einen kultischen Bereich.

Einzelne Fundtypen belegen weitreichende Handelsbeziehungen. Es lassen sich zum ersten Mal einzelne Werkstätten lokalisieren, deren Gegenstände über weite Regionen verteilt sind. Begehrte Handelsgüter waren sicherlich Kupfer, Zinn und Salz. Wie eine Verbreitungskarte der Besiedlung deutlich macht, waren Flüsse nach wie vor bevorzugte Handelswege. Aber auch der Transport über Land wurde mit der Perfektionierung des Wagens als Transportmittel bedeutender. Viele Bronzegegenstände, insbesondere aber die Blecharbeiten sind flächendeckend mit Buckel, konzentrischen Kreisen, Wolfszahnreihen sowie Strichbandreihen verziert. Neben diese schwer verständliche geometrische Symbolik,

die für einige Forscher Ausdruck eines Sonnenkultes ist, treten figürliche Darstellungen. Eine dominierende Rolle spielt der Wasservogel. Er begegnet in Form kleiner Tonrasseln, als Wagenaufsatz sowie als Verzierung auf Bronzearbeiten. Ihm mißt man während dem Kult, insbesondere beim Totenkult eine besondere Rolle bei.
Sicherlich auch im Bereich des Religiös-Kultischen ist ein großer Teil der spätbronzezeitlichen Deponierungen zu sehen, die meist abseits von Siedlungen mit Vorliebe bei Seen, Flußläufen und Quellen angelegt wurden. Vermutlich sollen sie eine Huldigung an bestimmte Wassergottheiten zum Ausdruck bringen. Aus mehreren Objekten zusammengesetzte Hortfunde sind charakteristisch für die Stufen Reinecke D bis Hallstatt B. Bei uns kommen sie allerdings erst gegen Ende der Stufe Hallstatt B auf. Das eindrucksvollste Beispiel dieser Art aus dem Saar-Pfalz-Kreis stammt aus Reinheim. Die Funktion dieser Horte ist nicht immer eindeutig zu ermitteln; oft helfen die Fundumstände weiter. Einzelfunde aus Flüssen sind wohl meist Ausdruck kultischen Handelns. Derartige „Flußopfer" sind im Saar-Mosel-Raum für die Stufen Reinecke D und Hallstatt A charakteristisch. Die Zusammensetzung der späten Hallstatt B Horte aus dem Saar-Mosel-Raum zeichnet sich durch eine Anzahl nicht alltäglicher Gegenstände aus. Zu erwähnen sind Pferdetrensen, diverses Riemenzubehör, hervorragend gearbeitete Klapperbleche (tintinnabulum), Phaleren (Zierscheiben), Wagenteile. Es sind dies Gegenstände, die sicherlich nur einer herrschenden Klasse vorbehalten waren. Interessant ist jedoch, daß sie nie in Gräber gelangten. Erst in der älteren Hallstattzeit (Hallstatt C) sind Waffen, Wagen und Pferdezaumzeug eine gängige Beigabe fürstlicher Bestattungen.
Das Ende der Urnenfelderzeit wird besonders auf die vom Osten in das Karpatenbecken eindringenden Steppenvölker, sogenannte Reiternomaden, zurückgeführt. Sie brachten eine verbesserte Kampfesweise, bessere Pferde und eine eigene Religion mit sich. Im Zusammenspiel mit dem Aufschwung der mediterranen Kulturen, deren religiösen Vorstellungen, deren technischem Stand und deren Handelsbeziehungen entstand in Mitteleuropa die Hallstatt-

zeit. Im Saarland ist der Übergang von der Stufe Hallstatt B zu Hallstatt C keineswegs abrupt. Große Teile des materiellen Kulturgutes machen deutlich, daß es nicht zu einem Bevölkerungswechsel kam.

Literatur:

A. Kolling, Späte Bronzezeit an Saar und Mosel (Saarbrücken 1968). — J. Lichardus, Beiträge zur Jüngeren Steinzeit und Bronzezeit im Saar-Mosel-Raum. II. Zur Entstehung der frühen Bronzezeit. BDS 25/26, 1978/1979 (1980) 31-59.

Frenz Bertemes

Abb. 15 Der Gollenstein von Blieskastel.

Die Menhire von Blieskastel und Rentrisch

Von den zwei im Saar-Pfalz-Kreis bekanntgewordenen Menhiren ist sicherlich derjenige aus Blieskastel der eindrucksvollste. Der weit über die Grenzen hinaus bekannte Gollenstein ist mit 6,58 m Höhe der größte überlieferte Menhir Mitteleuropas. Er bildet ein von weitem aus dem Bliesgau sichtbares Denkmal „Auf dem Blieskasteler Berg" zwischen Blieskastel und Alschbach. Der riesige Monolith aus ortsfremdem Gestein, der zu etwa 1/7 in der Erde ruht, hat wie viele seiner Kollegen seit seiner Errichtung in der Kupferzeit eine bewegte Geschichte hinter sich. Seine genaue Funktion läßt sich natürlich heute schwer ermitteln. Sicher ist, daß die Orthostaten kultischen Charakter hatten. Ihre Mächtigkeit erregte bei den Menschen späterer Generationen viel Aufmerksamkeit. In Parallelbeispielen, bei denen der Standort selbst einer wissenschaftlichen Ausgrabung unterzogen wurde, kamen meist Scherben unterschiedlicher Kulturepochen zum Vorschein. So haben auch die Kelten, die ja erst etwa 1500 Jahre später in unserem Raum erschienen, diese merkwürdigen Steine als Zeichen der Götter in der Natur gewertet und verehrt. Wie für alle heidnischen Kultstätten ging auch an den Menhiren die Einführung des Christentums nicht spurlos vorüber. Sie wurden entweder zerstört oder „christianisiert". Letzteres widerfuhr auch dem Gollenstein: in Höhe des unteren Drittels wurde ein kleiner Altar in Form einer nach oben spitz zulaufenden Nische eingemeißelt und mit dem griechischen Christusmonogramm versehen. Rechts daneben befand sich noch am Anfang des Jahrhunderts eine in eine flache Mulde eingeritzte, nackte menschliche Figur. Da wir über ihr Aussehen nichts näheres wissen, bleibt deren Datierung schwierig. Sie könnte eine römische Gottheit darstellen oder aber einen christlichen Heiligen. Für letzteres spricht die Nachricht, daß hier im Mittelalter der Heilige Sebastian mit Wallfahrten verehrt wurde. Um den Stein vor den Wirren des Krieges zu schützen, wurde er umgelegt. Dabei riß jedoch das Zugseil und der Gollenstein fiel

nicht in das eigens für ihn mit Stroh ausgekleidete Bett, sondern unkontrolliert auf den harten Boden und zerbrach in vier Stücke. 1951 wurde er wieder aufgerichtet und die beim Sturz zersplitterten Steinpartien etwas unglücklich mit Beton ergänzt.
Der 2,50 m niedrigere Spillenstein in Rentrisch befindet sich, von Häusern umringt, in der Straße ,,Dudweiler Tal''. Auch er besteht aus ortsfremdem Gestein. Die Umgebung seines Standortes wurde zweimal untersucht, ohne daß dabei irgendein archäologisches Material zum Vorschein gekommen ist.

Literatur:

B. Hagen, Wandergruppen durch die Umgebung von Zweibrücken-Homburg. Pfälzischer Kurier 8, 1875, Nr. 34. — A. Becker, Rhein. Vierteljahr.-Bl. 2, 1932, 207ff. — E. Christmann, Menhire und Hinkelsteine in der Pfalz (o.J.) 6f. — H. Kirchner, Die Menhire in Mitteleuropa und der Menhirgedanke (Wiesbaden 1955) 146f. — A. Kolling, Menhire im Saarland. Führer zu vor- und frühgesch. Denkmälern 5: Saarland (Mainz 1966) 122-126.

Frenz Bertemes

Abb. 16
Der Spillenstein
in Rentrisch.

Die Siedlungsfunde von Hassel „Hinter dem Eisenwald"

Nur wenige Kilometer südöstlich von St. Ingbert liegt die Gemeinde Hassel. Neolithisch bis bronzezeitlich einzustufende Lesefunde von mehreren Fundstellen auf den Anhöhen, Hängen und Tälern legten bereits vor dem Beginn wissenschaftlicher Untersuchungen Zeugnis ab von der Wichtigkeit dieses Landstrichs. Vom geologischen Standpunkt gehört Hassel dem Buntsandstein an. Dementsprechend ist auch die Geomorphologie: flache Anhöhen mit steilen Abhängen und dem engen fruchtbaren Teil des Stockweiherbachs. Von besonderem Interesse sind die Resultate der Ausgrabungen auf der Flur „Hinter dem Eisenwald". Sie wurden von dem Institut für Vor- und Frühgeschichte der Universität des Saarlandes unter der Leitung von J. Lichardus im Jahre 1978 durchgeführt. Die Grabungsstelle, von der heute nichts mehr zu sehen ist, liegt auf der rechten Seite der Straße von Niederwürzbach nach Hassel an einem seichten, breiten Abhang. Als Orientierungspunkt läßt sich die unmittelbar südlich der Grabung befindliche Kläranlage der Gemeinde Hassel anführen.

Die nur kurzen Ausgrabungen brachten keinen direkten Beweis einer Besiedlung der Stelle in vorgeschichtlicher Zeit. In den mächtigen Sandablagerungen fanden sich jedoch bis zu einer Tiefe von 1,35 m vorgeschichtliche Scherben. Nicht geklärt werden konnte bislang die Frage, ob das archäologische Material von einer höheren Stelle des Hanges bzw. sogar von der Anhöhe aberodiert ist. Hier könnten lediglich weitere Grabungen helfen. Es kamen Keramikfragmente aus vier unterschiedlichen Zeitepochen zum Vorschein. Der erste Komplex wurde von dem Ausgräber in die Mittelkupferzeit datiert und in die Zeit nach der Michelsbergkultur gesetzt. Es handelt sich um grob mit Quarzit und Sand gemagerte, hart gebrannte Keramik mit einer leicht geglätteten Oberfläche von dunkelbrauner bis grauschwarzer Farbe. Einzelne Gefäßscherben sind mit eckigen Einstichen verziert. Der zweite keramische Komplex wurde in die Zeit des Übergangs der späten Kupferzeit zur Frühbronzezeit datiert. Lichardus sah gewisse Parallelen mit der sogenannten Riesenbecherkeramik. Es handelt sich um grobe Keramik mit Fingernagelverzierung und umlaufenden plastischen Leisten. Der Scherben ist mit Steingrus gemagert und schwach gebrannt, die Oberfläche ist zum Teil in horizontalen Bändern geglättet, sonst rauh. Die Farbe ist ockerbraun bis grauschwarz. Es dominieren hohe Becherformen mit einer leicht geschwungenen Wandung und einem mäßig bis stark ausladendem Rand. Als etwas jünger, jedoch noch immer frühbronzezeitlich, wurde eine dünnwandige, ritzverzierte oder einstichverzierte Keramik angesprochen. Sie besitzt die gleiche Magerung wie die eben besprochene Gruppe, doch in der Regel eine orangene, rote oder rotbraune Farbe. An Verzierungen kommen einzelne und mehrfach gezogene parallele Ritzlinien sowie tropfenförmige Einstiche

Abb. 17 Hassel, neolithische Steingeräte.

vor. Die Muster sind meist in Zonen gegliedert: Gitter- oder rhomboide Muster, hängende Girlanden, dreieckige Motive. Eine weitere Gruppe von Keramik ist durch typisch urnenfelderzeitliche Siedlungskeramik gegeben. Form und Verzierung weisen auf eine späte Phase der Stufe Hallstatt A bzw. beginnende Stufe Hallstatt B hin. Von ihr abzusetzen ist allerdings spätest urnenfelderzeitliches Material der Stufe Hallstatt B3. Auch wenn keine Siedlungsreste gefunden wurden, entspricht die Topographie des Fundorts genau den typischen auf einer Terrasse angelegten ländlichen Siedlungen der Urnenfelderzeit.

Literatur:

J. Lichardus, Beiträge zur jüngeren Steinzeit und Bronzezeit im Saar-Mosel-Raum. I. Die Ausgrabungen in Hassel, Saar-Pfalz-Kreis, im Jahr 1978. BDS 24, 1977 (1978) 5-18.

Frenz Bertemes

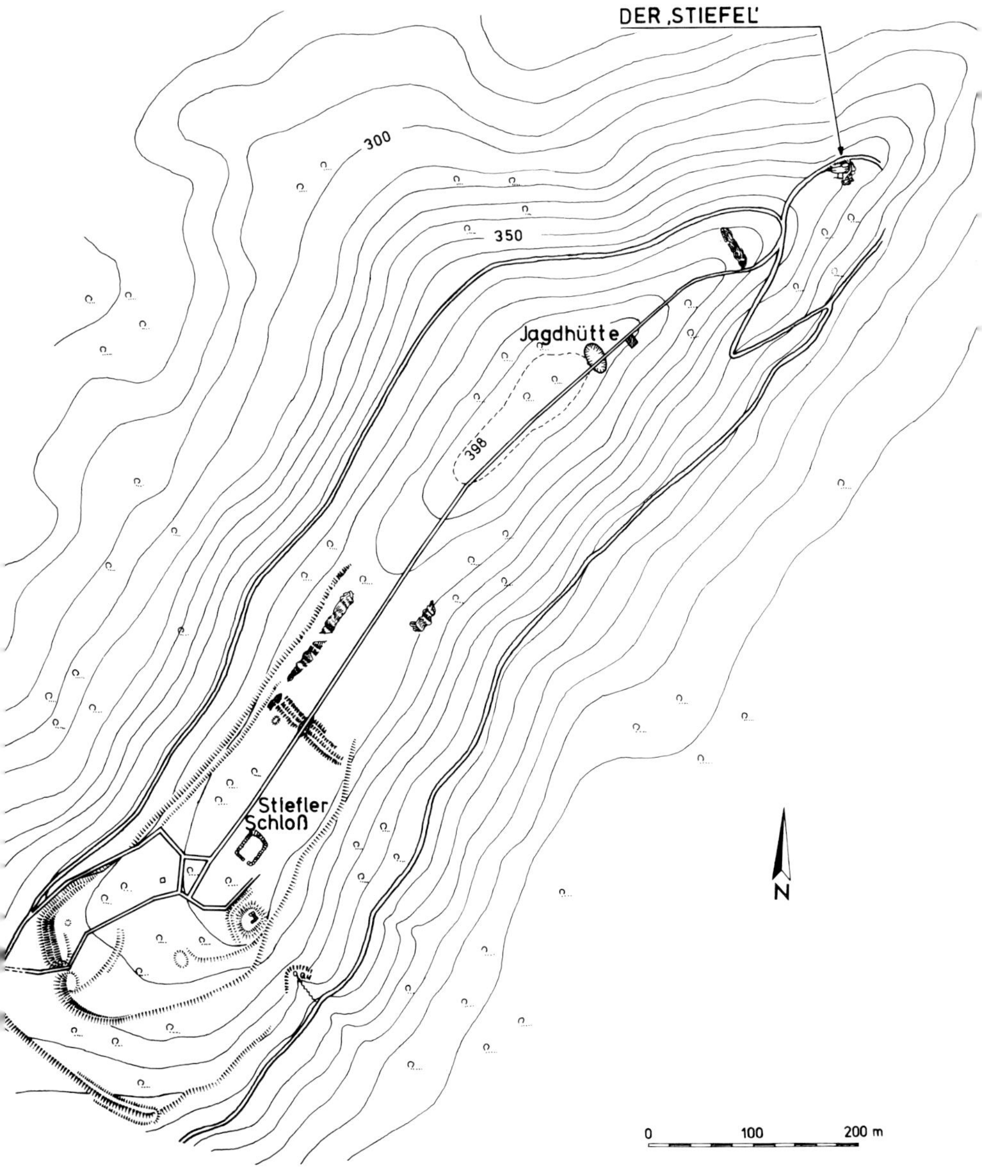

Abb. 18 St. Ingbert, Topographie des ,,Großen Stiefels''.

Der Große Stiefel bei St. Ingbert

Drei Kilometer südwestlich von St. Ingbert liegt zwischen Rentrisch und Sengscheid ein schmaler, etwa 1500 m langer SW-NO orientierter Höhenrücken aus Buntsandstein mit steil abfallenden Hängen. Ein Fels in Stiefelform im Norden der Anhöhe verlieh ihm seinen Namen. Von Süden nach Norden haben wir zuerst eine kleinere Erhebung, den „Kleinen Stiefel"; es folgt eine Senke, die dann kontinuierlich zum langgestreckten „Großen Stiefel" ansteigt. Die höchste Stelle liegt bei 398,7 m, also etwa 200 m höher als das Tal des Scheidterbachs. Daß wir den Berg heute vom archäologischen Standpunkt her etwas besser kennen, ist vor allem der unermüdlichen Tätigkeit des Heimatforschers Robert Seyler zu danken. Er hat in zahlreichen Geländebegehungen und kleineren, leider nicht dokumentierten Untersuchungen eine große Anzahl an Scherben, Steingeräten usw. unterschiedlicher Zeitstufen aufgelesen.

Bereits die Morphologie des Berges weist Spuren vergangener menschlicher Aktivitäten auf. Besonders auffallend sind die Reste von Verteidigungsanlagen, die den Höhenrücken zur Senke hin sichern sollten. Sie teilen den Hügel deutlich in zwei Bereiche: in eine sogenannte Hochburg und in die ihr nach Süden vorgelagerte Unterburg. Getrennt werden sie etwa im unteren Drittel der Anhöhe durch einen quer zur Hauptachse verlaufenden Abschnittswall. Die von Abhang zu Abhang reichende, 80 Meter lange Erhebung ist an ihrer höchsten Stelle noch etwa ein Meter hoch erhalten. Ihr vorgelagert befindet sich zusätzlich noch ein Graben, der an seiner tiefsten Stelle noch etwa 1,50 Meter tief ist. Die Vorburg oder Unterburg ist nach Süden zweifach bewehrt. Von außen nach innen folgt zunächst ein kaum sichtbarer, quer zur Hauptachse des Hügels verlaufender Wall, auf dem ehedem eine Steinmauer gestanden haben mag. Die eigentliche Verteidigungslinie folgt in etwa 60 Meter weiter nördlich. Sie besteht aus zwei in einem stumpfen Winkel aufeinanderstoßenden Wallresten, die auf einer natürlichen Geländestufe aufgebaut sind. Der westliche Wall ist noch acht Meter weiter, der östliche fünf Meter hoch erhalten. Steinfundamente im Boden machen deutlich, daß hier früher eine Steinkonstruktion aufragte. Über die alte Toranlage läßt sich nichts Genaueres sagen. Man vermutete sie im Anschluß an den erhaltenen Teil der Hauptverteidigungslinie auf der Westflanke der Vorburg. In der Mitte der Vorburg befindet sich unmittelbar am Osthang der Überrest einer frühmittelalterlichen Motte mit den Steinfundamenten eines 8,40 m breiten und 11,35 m langen Turmbaus, dem „Stiefler Schloß''. Der Turm war zur Anhöhe hin zusätzlich mit einem hufeisenförmigen Graben und vorgelagertem Wall versehen. Die Fundamente wurden 1899 von Dr. C. Mehlis freigelegt. Dabei stellte er fest, daß beim Bau des Turmes Reste eines großen römischen Gebäudes als Spolien verwendet worden sind. Möglicherweise stammen sie von einer im Nordosten gelegenen, 60 Meter entfernten, heute zum Teil noch sichtbaren Ruine. Der dichte Waldbestand auf dem Großen Stiefel liegt zum einen Teil schützend über den im Boden verborgenen Altertümern, zum anderen erschwert er eine ordnungsgemäße Prospektion, wie dies

Abb. 19
St. Ingbert,
„Großer Stiefel''.

etwa bei Feldbegehungen möglich ist. Das von R. Seyler gesammelte Material stammt fast ausnahmslos aus Kratern, die vom Wind entwurzelte Bäume im Erdreich hinterließen. Die ältesten Funde entfallen auf die Mittelsteinzeit. Es handelt sich um diverse Kleingeräte und um einen Kernstein. Ein größerer Anteil der Funde läßt sich der Frühkupferzeit, genauer gesagt der Michelsbergkultur zuordnen. Ausschlaggebend ist vor allem die Keramik: charakteristisch sind Reste von „Backtellern" mit fingertupfenverzierten Rändern und von größeren Gefäßen mit Tulpenrand. Die Keramik ist mit Quarzit gemagert, die Oberfläche ist meist rauh oder nur leicht geglättet, die Farbe rötlich bis dunkelbraun. Weitaus am zahlreichsten ist die Siedlungskeramik der Urnenfelderzeit. Verzierung und Form der Gefäße läßt eine Datierung in die Stufen Hallstatt A und B zu (Zylinderhals- und Schrägrandurnen usw.). Offensichtlich war anschließend der Große Stiefel für annähernd 600 Jahre unbesiedelt, da die nächsten Scherben erst in die Spätlatènezeit datieren. Es handelt sich um eine kleine Anzahl grober Siedlungskeramik. Auch römische Keramik ist nur wenig vertreten. Weitere Scherben sind merowinger-, andere karolingerzeitlich. In der Nähe der Motte kamen Scherben aus dem 10. bis 12. Jahrhundert zum Vorschein.

Eine Datierung der Befestigungsanlagen ist anhand dieser Informationen kaum möglich. Es ist nicht einmal sicher, ob sie alle gleichzeitig sind. Wegen des großen Fundanfalls wäre am ehesten eine Datierung in die späte Urnenfelderzeit plausibel. Nicht auszuschließen ist jedoch auch eine Erbauung bzw. Wiederbenutzung in der Spätlatènezeit oder gar in der Römerzeit. Näheres können nur großflächig angelegte Ausgrabungen erbringen.

Literatur:

C. Mehlis, Bericht über die Ausgrabungen im Stiefler Schloß. Pfälzer Museum 18, 1901, 3ff., 71. — R. Seyler, Die befestigte Höhensiedlung auf dem Gr. Stiefel bei St. Ingbert. BDS 11, 1964, 87-119. — Ders., Der Berg „Großer Stiefel" bei St. Ingbert. Führer zu vor- und frühgesch. Denkmälern 5: Saarland (Mainz 1966) 118-121. — R. Schindler, Studien zum vorgeschichtlichen Siedlungs- und Befestigungswesen des Saarlandes (Trier 1968) 14f.

Frenz Bertemes

Der Hortfund von Reinheim

An einem kleinen Abhang zum Bliestal stießen 1964 Straßenarbeiter beim Ausheben eines Wasserleitungsgrabens in der Gartenstraße 1,20 Meter unter der Oberfläche auf Metallgegenstände. Sie identifizierten die Stücke als Reste einer Uhr aus dem 19. Jahrhundert. Daß der Fund überhaupt gerettet wurde, ist dem glücklichen Zufall zu verdanken, daß gerade an dem Tag Herr Walter Schähle vom Staatlichen Konservatoramt in Reinheim war. Er erkannte sofort den vorgeschichtlichen Charakter der Funde und rettete, was zu retten war. Im Schacht befanden sich noch kleinere Bronzeblechreste in situ. Nach Aussage der Arbeiter waren die Gegenstände eng aufeinander gepackt. Nach ihrer Information lag zuunterst eine Bronzeblechphalere von 19,2 cm Durchmesser. Unmittelbar darüber fanden sich vier unterschiedlich große Klapperbleche. Die beiden größeren Exemplare, 21,5 cm und 16,1 cm im Durchmesser, sind mit konzentrischen Ritzbändern verziert und besitzen im unteren Bereich jeweils ein kleines Randloch. Die zwei kleinen Klapperbleche, beide 7 cm Durchmesser, sind gänzlich unverziert. Als Bindeglied zwischen dem großen und den kleinen Klapperblechen wurde ein kleiner offener, rundstabiger Ring von 6 cm Durchmesser angesprochen. Darüber lagen neun diverse, unterschiedlich große geschlossene Schirrungsringe. Auf diesen befanden sich zwei im Durchmesser 10,8 bis 11,0 cm große rundstabige, offene Armringe mit Stempelenden und feingerippter Schauseite. Drei kleinere Ringe, im Durchmesser 6,0 bis 6,5 cm, sind identisch verziert und besitzen Stollenden. Dabei lagen insgesamt fünf mit eingeritzten Strichbändern verzierte Blecharmbänder mit einem Durchmesser von 10,0 bis 12,8 cm und einer Höhe von 3,5 bis 3,6 cm. Über die Lage des von den Arbeitern durch Pickelhiebe beschädigten Tüllenbeils sind keine Informationen vorhanden. Auch wenn diese Befundbeschreibung mehr als lückenhaft ist, macht der Hortfund doch alles in allem einen intakten Eindruck, so daß wir die Gegenstände als „geschlossenen Fund" be-

Abb. 20 Reinheim, Hortfund der späten Bronzezeit.

trachten können. Es ist wenig wahrscheinlich, daß Teile von den Findern übersehen oder aber beiseite geschafft worden wären. Den Gegenständen nach ist der Hort gegen Ende der Stufe Hallstatt B, also ganz am Ende der Urnenfelderzeit in den Boden gekommen. Die Klapperbleche, die Phalere sowie die einfachen Ringe sind als Pferdegeschirrteile im weitesten Sinne anzusprechen. Ihre Kombination mit Waffen und Schmuck ist gerade für diese Zeitstufe keine Seltenheit.

Literatur:

A. Kolling, Späte Bronzezeit an Saar und Mosel (Saarbrücken 1968) 91-94, Taf. 61-63.

Frenz Bertemes

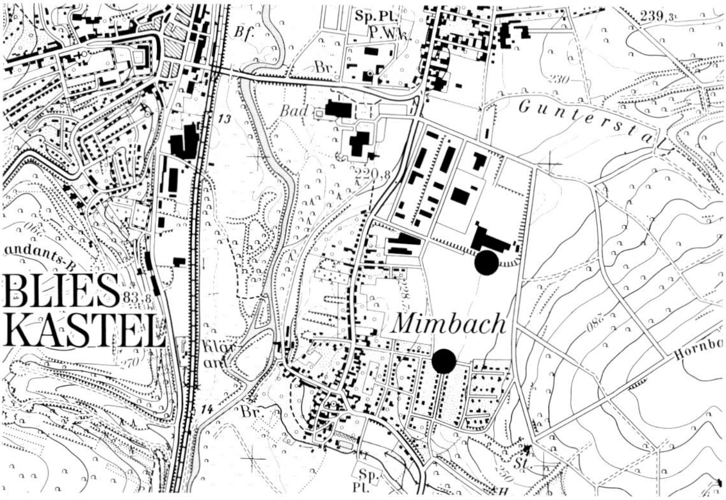

Urnenfelderzeitliche Grabfunde aus Mimbach und Webenheim

Am Fuße des Hornbacher Berges befinden sich in der Talniederung der Blies zwischen Mimbach und Webenheim zwei Gräberfelder der frühen Urnenfelderzeit (etwa 1000 v. Chr.). Beim Sandgraben im Grundstück des Landwirtes Otto Jakob Schwarz wurde 1927 in Webenheim, Flur „Langenfeld", ein Gräberfeld dieser Zeitstellung angeschnitten. Nur der Aufmerksamkeit des Feldhüters Pauli, der in der Wand der Kiesgrube ein Tongefäß entdeckte, war die Aufdeckung von fünf Gräbern durch den Landeskonservator Carl Klein zu verdanken. Es handelte sich um Brandbestattungen in einem Flachgrab, wobei das große Tongefäß als Leichenbrandbehälter benutzt wurde. Außer dieser Urne gehörten zur Grabausstattung noch ein bis zwei kleinere Tongefäße, die — in der Urne deponiert — zur Versorgung des Toten mit Speise und Trank dienten. Im Gegensatz zu den übrigen Gräbern, die un-

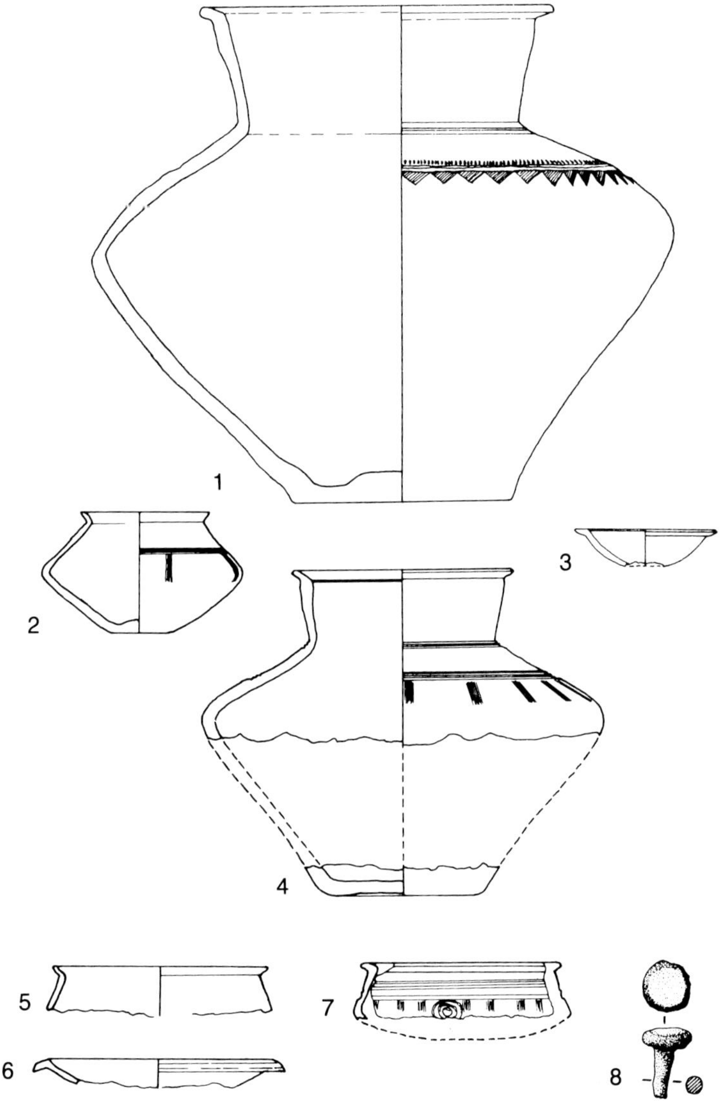

Abb. 21 Webenheim, ,,Langenfeld'', Grab 6, Urnenfelderzeit
1-7 Keramik, M 1:4; 8 Bronze, M 1:2.

geschützt in der Erde standen, wies Grab 4 als Besonderheit eine aus Kalksteinen gebildete vierkantige Grabkiste (75 x 75 cm) auf. Bei der Beobachtung von Erdarbeiten auf dem Firmengelände Hager konnte Verfasser 1980 etwa 100 m nordöstlich der oben genannten Fundstelle ein weiteres, reich ausgestattetes Brandgrab vor seiner endgültigen Zerstörung durch den Bagger retten. In 0,40 m Tiefe fanden sich in einer N-S ausgerichteten Grabgrube (noch 1,50 m x 0,80 m) das Bruchstück einer bronzenen Nagelkopfgewandnadel, eine Urne mit Leichenbrand sowie sechs weitere Tongefäße, die mit horizontalen Riefen, darunter hängenden strichgefüllten Dreiecken und Kamm-Fransen, verziert sind.
500 m südlich liegt im Neubaugebiet der Gemarkung Mimbach, Flur „Widdum Hof", ein Gräberfeld derselben Zeitstellung. Als Herr Ortwin Ringle im Frühjahr 1969 die Montiergrube für seine Garage aushob, stieß er in 0,65 m Tiefe unvermittelt auf größere Sandsteine, unter denen er Scherben von verschiedenen Tongefäßen fand. Die nachfolgende Ausgrabung durch das Staatliche

Abb. 22 Mimbach, urnenfelderzeitliches Schwertgrab.

Konservatoramt erbrachte ein für die Urnenfelderzeit Südwestdeutschlands seltenes Waffengrab mit reicher Ausstattung. Unter einer 0,85 m dicken und 1,95 m breiten Steinpackung, die zur Abdeckung der ehemals vorhandenen Holzkammer gedient hatte, lagen auf dem gestampften Lehmboden der Leichenbrand eines erwachsenen Mannes und wohl — als Totenopfer zu deuten — die verbrannten Knochen eines etwa 8-10jährigen Kindes verstreut. Neben sechs reich verzierten Tongefäßen betont vor allem das vorzüglich erhaltene Bronzeschwert von 52 cm Länge die soziale Führungsrolle des hier Bestatteten. Eine bronzene Gewandnadel, die das Gewand des Toten zusammenhielt, vervollständigte mit einem Schwertgehängering und vier Blechzwingen das Grabensemble. Eine Steinsetzung, möglicherweise als Einfassung eines Hügels zu verstehen, sowie die geringe Tiefe der Grabanlage deuten auf einen ursprünglich vorhandenen Grabhügel. Fortschreitende Bebauung machte aus bodendenkmalpflegerischer Sicht eine Nachuntersuchung der Nachbargrundstücke erforderlich. Im Auftrag des Staatlichen Konservatoramtes konnte Verfasser 30 m nordöstlich des Schwertgrabes im Frühjahr 1981 das Grab einer 30- bis 50jährigen Frau bergen. Unter einem ebenfalls zu postulierenden Grabhügel war der Leichenbrand der Toten auf einem sorgfältig gesetzten Steinplattenbelag in einem vollständig vergangenen Holzsarg beigesetzt worden. Die WNW-OSO ausgerichtete rechteckige Grabanlage war mit dicken Sandsteinen umstellt (2,60 m x 1,90 m) und erinnerte offensichtlich — auf ältere Tradition zurückgehend — in ihrer Ausstattung an die Grabanlage für eine Körperbestattung. Im Gegensatz zu der aufwendigen Grabanlage wirkt jedoch das aus vier einfachen Tongefäßen bestehende Grabinventar eher bescheiden.

Literatur:

C. Klein, Neue Funde der Urnenfelderkultur im Saargebiet. BDS 3, 1929, 75f. Taf. 1. — A. Kolling, Späte Bronzezeit an Saar und Mosel (1968) 198f. Taf. 37; 38,12-14. — A. Kolling, Ein neues Schwertgrab der späten Bronzezeit von Mimbach (Kr. Homburg-Saar). BDS 17, 1970, 41ff.

Walter Reinhard

Die Eisenzeit

Die Eisenzeit wird nach zwei berühmten Fundorten, nämlich Hallstatt im oberösterreichischen Salzkammergut und La Tène am Ufer des Neuenburger Sees in der Schweiz, in zwei Abschnitte untergliedert: die Hallstattzeit (etwa 750-450 v. Chr.) und die Latènezeit (450-25 v. Chr.). Die im Vorderen Orient entwickelte Kenntnis der Eisengewinnung und -verarbeitung erreichte Mitteleuropa gegen Ende des 8. Jahrhunderts v. Chr. Dies bedeutete nicht nur einen tiefgreifenden technischen Fortschritt, sondern brachte auch beträchtliche Veränderungen in nahezu allen Lebensbereichen mit sich.

Während man in der vorangegangenen Urnenfelderzeit die Toten auf einem Holzstoß verbrannte und die verbrannten Knochen nach der Auslese aus dem Scheiterhaufen in einem in den Boden eingetieften Flachgrab bestattete, geht man nun zur Körperbestattung unter einem Grabhügel über. Das noch urnenfelderzeitliche Brandgrab mit Griffdornmesser und zahlreicher Keramik im Langhügel von Altheim verdeutlicht das Wiederaufleben der Grabhügelsitte schon am Ende der Bronzezeit.

Über 300 Grabhügel, die nach dem derzeitigen Forschungsstand vorwiegend der Hallstattzeit angehören, haben sich an 44 Fundplätzen in den Wäldern des Saar-Pfalz-Kreises erhalten. Im Gegensatz zu den weniger ertragreichen Sandböden im nördlichen Teil des Kreises, wo nur kleinere Gruppen bekannt sind, liegen die großen Grabhügelgruppen auf den fruchtbaren Muschelkalkböden im Süden.

Das Totenritual — soweit archäologisch rekonstruierbar — wird man sich folgendermaßen vorstellen dürfen: Nachdem die Oberfläche des für die Errichtung des Grabhügels vorgesehenen Platzes gesäubert war, wurde die verstorbene Person meist ebenerdig in einer sargähnlichen Holzkonstruktion beigesetzt. All das, was der Tote an Waffen, Kleidung, Schmuck, Speise und Trank im Jenseits benötigte, wurde ihm mit ins Grab gegeben. Über und um

Abb. 23
Grabhügelfelder
im Saar-Pfalz-Kreis
(Stand 1987).

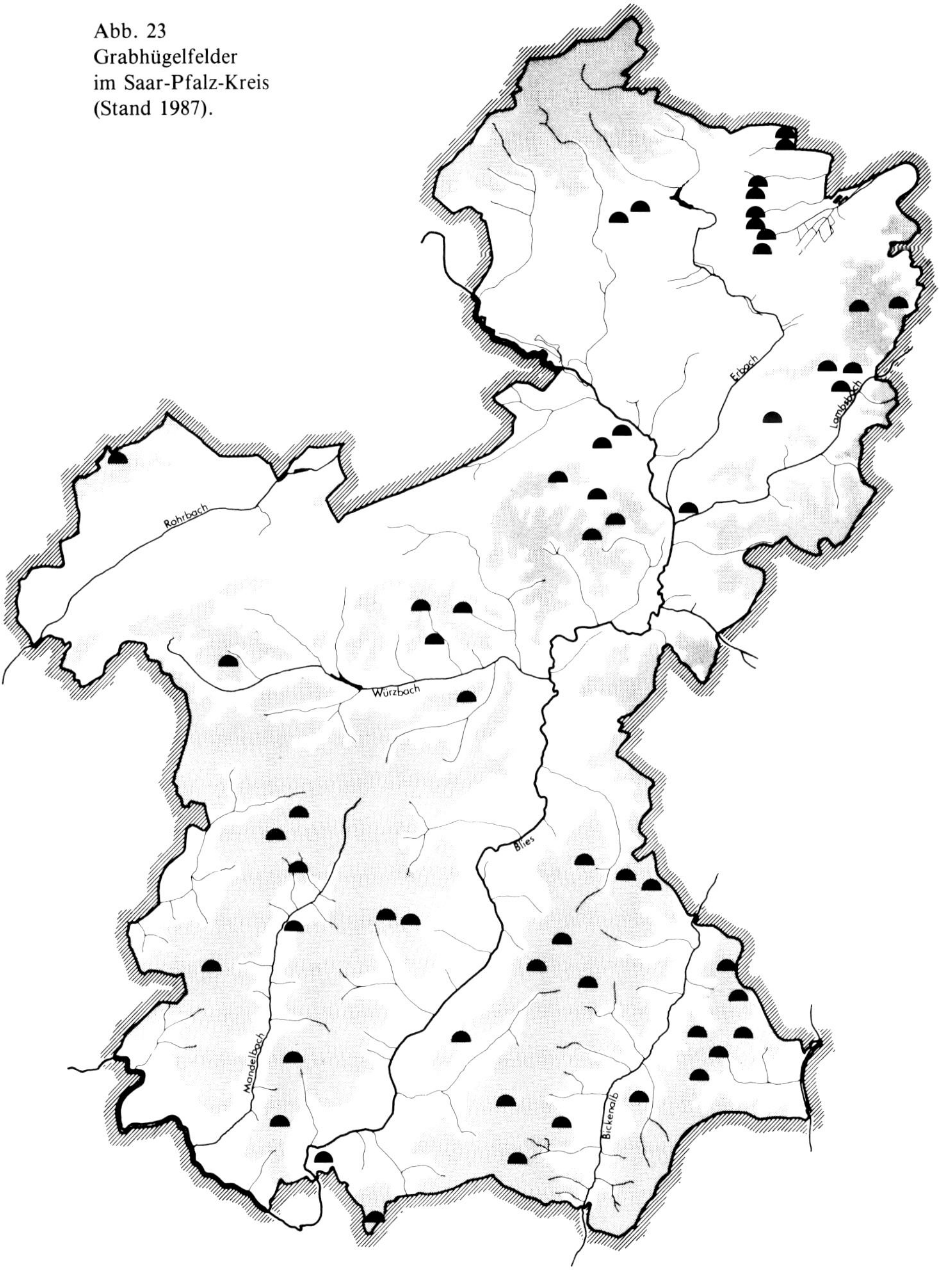

diese Holzkonstruktion wurden dann dicke Kalksteine gepackt, die einerseits vielleicht die Grabkammer vor Fremdeinwirkungen wie Tierbauten oder Grabraub hätten schützen sollen, andererseits aber auch die Lebenden vor einer Wiederkehr der Toten hätten bewahren können. Verschiedene Beobachtungen sprechen dafür, daß darüberhinaus kultische Aspekte vor allem die soziale

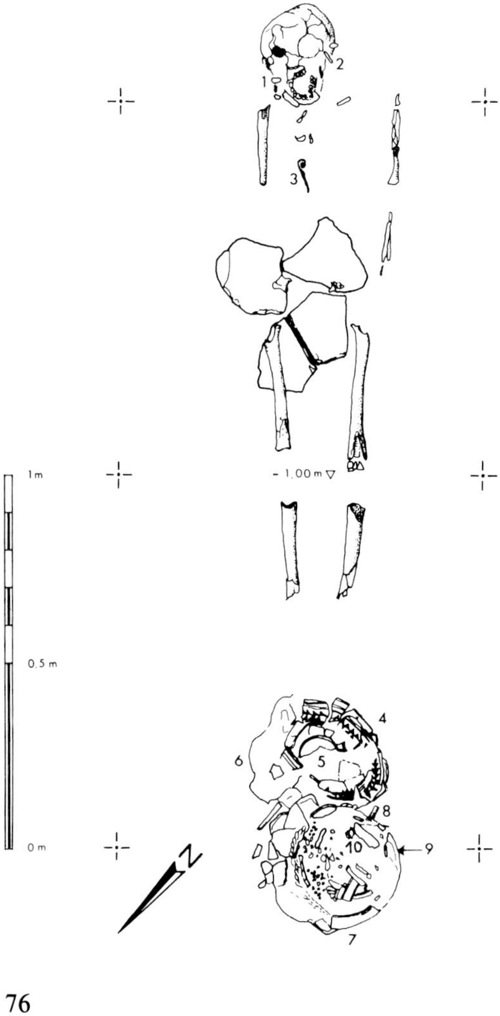

Abb. 24
Rubenheim,
„Schornwald",
Hügel 18/Grab 3.

1 eis. Kugelkopfnadel
2 eis. Pinzette
3 eis. Rollennadel
4-7 Keramik
8 Schweineknochen
9 br. Rasiermesser
10 Leichenbrand.

Abb. 25 Rubenheim, Hügel 18/Grab 3, Hallstattzeit.
Keramik; Rasiermesser aus Bronze.

Stellung des Bestatteten bei der Herrichtung der Steinpackung eine Rolle spielten. Über die Grabkammer mit Steinabdeckung wurde schließlich ein Erdhügel als weithin sichtbares Grabmonument aufgeschüttet. Manchmal begrenzte den Hügelfuß ein Steinkranz, der den heiligen Bezirk der Grabstätte symbolisch von dem Profanen, dem Weltlichen abgrenzte.

Neben der Mächtigkeit der Steinpackung gibt uns auch die Größe der Grabhügel einen Ansatzpunkt zur sozialen Differenzierung der hallstattzeitlichen Bevölkerung. Während der Hügelinhalt der normal ausgestatteten Grabhügel selten mehr als 30 m^3 beträgt, wurden in Rubenheim bei vier Bestattungen mit Schwertbeigabe Hügel mit bis zu 300 m^3 Erde aufgeschüttet. Bei diesen schon durch ihre Ausstattung (Schwert!) hervorgehobenen Gräbern wird somit die besondere soziale Stellung des Verstorbenen und seine Wirkungsmacht auch über den Tod hinaus dokumentiert. Nur eine gemeinschaftliche Arbeitsaktion, sei sie auf der Ebene des Verwandtschaftsverbandes oder im weiteren Rahmen der Siedlungs- oder Stammesgemeinschaft zu suchen, konnte solche aufwendigen Leistungen erbringen. Diese Verknüpfung von Grabhügelgröße und Bedeutung des Bestatteten ist fast bei allen Gräberfeldern der älteren Hallstattzeit festzustellen und wird dann ganz augenfällig in den mächtigen Fürstengrabhügeln der jüngeren Hallstattzeit.

Auch zur Klärung eines weiteren Phänomens, nämlich dem der birituellen Bestattungen bieten sich soziologische Überlegungen an. Bei neueren Grabungen in Rubenheim und Bliesdalheim fand sich öfters zu Füßen einer Körperbestattung Leichenbrand eines weiteren Toten, der in Tongefäßen deponiert war oder in einem Haufen dicht beisammenlag, was für einen organischen Behälter aus Holz, Stoff oder Leder spricht. Gleiches Alter und gleiches Geschlecht, nämlich männlich, scheint zu überwiegen. Der archäologische Befund sichert die Gleichzeitigkeit dieser unterschiedlichen Bestattungsarten, was letztendlich nur mit dem Phänomen der Totenfolge erklärt werden kann. Cäsar berichtet um die Mitte des ersten vorchristlichen Jahrhunderts, daß die Bestattungen der Kelten sehr aufwendig waren, daß sie alles, was ihnen lieb war, auf

Abb. 26 Bronzener Ringschmuck der Hallstattzeit, verschiedene Fundorte.

den Scheiterhaufen warfen; bis vor kurzem — so Caesar — noch ihre „servi et clientes". Ob sich diese Aussage nun in die ältere Hallstattzeit übertragen läßt und ob es sich dabei nach den römischen Vorstellungen um „Sklaven" oder „Hörige" handelt, mag vorerst dahingestellt bleiben. Auffällig ist jedoch die andersartige Bestattungsart, das demonstrative Deponieren des Leichenbrandes zu Füßen der Körperbestattung und die Beigabenarmut der Brandbestattung. Sieht man dies im Zusammenhang mit neueren Grabungen von Großeibstadt in Franken, wo die Körpergräber sehr reich in großen Grabgruben und die danebenliegenden zeitgleichen Brandgräber geradezu ärmlich in kleinen Grabgruben angelegt wurden, so ist man geneigt, in den unterschiedlichen Bestattungsarten auch soziale Unterschiede zu sehen, was auch auf ein Verhältnis Herr - Diener schließen lassen könnte. Die Körperbestattung unter einem Grabhügel war den Angehörigen einer Oberschicht, die Brandbestattung eher einer sozial niederen Schicht vorbehalten. Auffallend neben einer durchschnittlichen Körpergröße der Bestatteten von 1,65 m - 1,75 m sind einzelne Skelette der Körperbestattungen von Rubenheim, die nach der anthropologischen Bestimmung durch Prof. Dr. M. Kunter die stattliche Körpergröße von 1,90 m erreichen. Haben wir diesen Befund vielleicht als Zeichen für eine ethnische Überlagerung oder Infiltration zu deuten?

Ohne die auslösenden Faktoren zu kennen, ist das 6. Jahrhundert v. Chr. durch einen tiefgreifenden Wandel in den religiösen Vorstellungen gekennzeichnet. Die strenge Orientierung der Toten in N-S Richtung wird ebenso nicht mehr eingehalten wie die Sitte, die Holzkonstruktion mit Kalksteinen abzudecken oder den Toten durch Mitgabe von Tongefäßen — gefüllt mit Speis und Trank — fürs Jenseits zu versorgen.

Sowohl in der älteren als auch in der jüngeren Hallstattzeit gehört das südöstliche Saarland zum sogenannten Westhallstattkreis. Am Beispiel der Schwertgräber der älteren Hallstattzeit läßt sich dieser Westhallstattkreis noch in eine Gruppe westlich und eine zweite östlich des Rheins unterteilen. Typisch für die Gruppe westlich des Rheins mit der Pfalz, dem südöstlichen Saarland, der Nordwestschweiz und Ostfrankreich sind dabei die Körperbestattung unter Beigabe von 1-3 Tongefäßen und eines Rasiermessers sowie das Tragen eines Armrings und einer Nadel. Die östlich des Rheins auszugrenzende Gruppe des Westhallstattkreises mit Böhmen, Bayern und großen Teilen Baden-Württembergs wird überwiegend durch Brandbestattung, zahlreiche Tongefäße, Pinzette, das Tragen mehrerer Nadeln, die Mitgabe von Wagen und Pferdegeschirr sowie eiserne und bronzene Mindelheimschwerter charakterisiert. Südhessen und dem Westen Baden-Württembergs kommt als Kontaktzone eine Vermittlerrolle zu, die sich auch in den Grabinventaren widerspiegelt. Innerhalb dieses ,,westlichen Westhallstattkreises'' bildet dann, nachdem die ursprünglichen Kontakte in den Vogesen und das Burgundische abgebrochen sind, die Pfalz und das südöstliche Saarland am Ende der jüngeren Hallstattzeit eine kleinräumige kulturelle Einheit.

Der Übergang zur Latènezeit um die Mitte des 5. Jahrhunderts v. Chr., die landläufig als Kultur der Kelten bezeichnet wird, erfolgt

Abb. 27 Reinheim, Bronzespiegel aus dem frühlatènezeitlichen Fürstinnengrab.

fließend, d.h. es hat kein Bevölkerungswechsel stattgefunden. Deshalb ist zu Recht die Auffassung vertreten worden, daß sich die keltische Kultur mindestens bis in die jüngere Hallstattzeit zurückverfolgen läßt. Auch jene nun schon seit Jahrzehnten geführte kulturgeschichtlich-chronologische Diskussion, ob an der Nahtstelle zwischen Hallstatt- und Latènezeit eine kulturelle Überlappung existiert habe, wobei hallstättische Elemente fortgelebt hätten, während andernorts bereits Latèneformen in Gebrauch waren, läßt sich für den Saar-Mosel-Raum eindeutig negativ beantworten. Der Übergang von der spätesten Hallstattphase (Hallstatt D3) zur frühesten Latènezeit (Latène A1) stellt sich als eine klare chronologische Abfolge dar, die jedoch, da es sich um einen historischen Entwicklungsprozeß handelt, das Vorhandensein sogenannter „Mischinventare" nicht ausschließt.

Der archäologische Quellenbestand zur Frühlatènezeit im Saar-Pfalz-Kreis ist ausgesprochen dürftig und stammt nahezu ausschließlich aus Grabzusammenhängen. Im Totenritual ist die Beibehaltung der Körperbestattungssitte und der zunächst (bis in ein spätes Latène A) fortgeführte Verzicht, dem Verstorbenen Tongefäße mit ins Grab zu geben, Zeichen einer Kontinuität. Hingegen hat es den Anschein, als seien die alten Bestattungsplätze der Hallstattzeit aufgegeben und an anderen Stellen neue Nekropolen errichtet worden. So ist aus dem so intensiv erforschten Hügelgräberfeld von Rubenheim keine einzige Latènebestattung bekannt. Umgekehrt können für das Gräberfeld von Altheim „Kreuzeiche" mindestens fünf frühlatènezeitliche Grabinventare rekonstruiert werden, während nur vereinzelte Fundstücke dieser Fundstelle noch in die Hallstattzeit weisen. Auch in der Latène-Nekropole von Medelsheim „Klosterwald" sind Indizien vorhanden, die auf eine Belegung bereits zur jüngeren Hallstattzeit hindeuten.

Bei der Wahl der Bestattungsplätze scheint die aus der Hallstattzeit bekannte Vorliebe, Grabhügelfelder auf Bergrücken anzulegen, nicht mehr in ihrer Ausschließlichkeit praktiziert worden zu sein. Vor allem das 1954 in der weiten Bliesaue entdeckte Fürstengrab von Reinheim zeigt, daß es nun auch Abweichungen von

dieser Regel gibt. Oder ist etwa die Tallage des so reich ausgestatteten Hügelgrabes als soziales Privileg zu deuten?
Der Wechsel von der Hallstatt- zur Latènezeit ist nicht nur eine Frage der abstrakten Chronologienomenklatur oder typologischer Differenzierung; Kern des Problems sind vielmehr soziale und politische Umwälzungen, die Mitteleuropa im 6. und 5. Jahrhundert v. Chr. erfaßten. Bereits während der jüngeren Hallstattzeit bildete sich unter dem Einfluß des mediterranen Südens eine soziale Führungsschicht, die sich zu ihrem Schutz mächtige, befestigte Höhensiedlungen errichtete. Das Verbreitungsgebiet dieser Höhensitze und Fürstengräber erstreckte sich zunächst von Ostfrankreich über Süddeutschland und die Schweiz bis hin nach Böhmen. Ohne daß wir die exakten Ursachen hierfür kennen, verlagert sich in der Frühlatènezeit der Schwerpunkt der fürstlichen Bestattungen auf das Mittelrheingebiet, den Saar-Mosel-Raum und die Champagne, wobei eine besonders dichte Konzentration im Hunsrück und nördlichen Saarland zu verzeichnen ist. Der Münchner Prähistoriker Ludwig Pauli spricht von einer Periode des Umbruchs und zitiert im Hinblick auf den nun neuentstehenden Kunststil und offenbar auch neue religiöse Vorstellungen den Altmeister keltischer Kunstforschung, Paul Jacobsthal, der ein neues „Verhältnis zu Gott und Welt" zu erkennen meinte.
Am eindrucksvollsten wird diese von Symbolen und Ornamenten geprägte Kunst in dem Fürstengrab von Reinheim deutlich. Goldschmuck, Fibeln und Röhrenkanne zeugen von einer einzigartigen technischen wie künstlerischen Meisterschaft. Im Kontext einer regionalen Gliederung der Latènekultur tendiert das Reinheimer Grab eher nach Osten zum Rheintal hin, während die Unterschiede in der Ausstattung gegenüber den Fürstengräbern im nördlichen Saarland und westlichen Hunsrück doch recht augenfällig sind. Hier wie auch in den einfachen Bestattungen zeichnet sich jene bereits für die ältere Hallstattzeit konstatierte kulturelle Grenze zur Hunsrück-Eifel-Kultur ab.
Das frühlatènezeitliche Fundgut aus den einfachen Bestattungen des Saar-Pfalz-Kreises besteht vornehmlich aus bronzenen Arm- und Halsringen, an denen sich sehr gut die typologische Entwick-

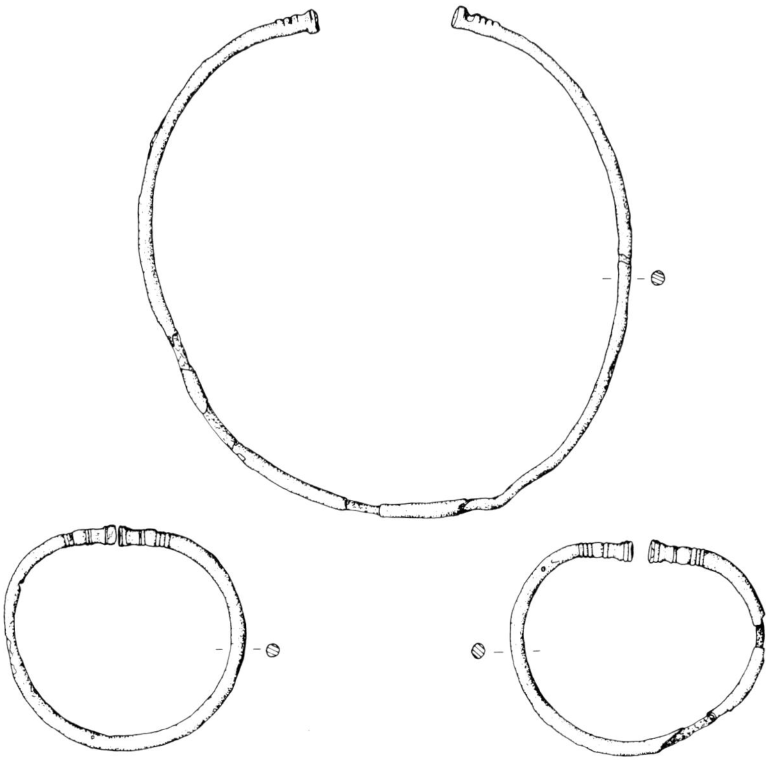

Abb. 28 Altheim, „Kreuzeiche", Hügel 25/Grab 1;
bronzener Hals- und Armschmuck der Frühlatènezeit (LT A).

lung nachvollziehen läßt. Nachdem gegen Ende der Hallstattzeit die Halsreifen geschlossen und unverziert waren und im Querschnitt immer dünner wurden, sind die frühlatènezeitlichen Ringe meistens offen mit verdickten, sog. Petschaftenden, die zudem mit flachen Wülsten und Gravuren verziert sind. Häufig tragen die Ringkörper knotenartige Verdickungen, die mit fortschreitender Entwicklung immer enger gesetzt sind und schließlich den Ring vollständig ausfüllen.

Andere Trachtelemente, z.B. Fibeln und Gürtelbestandteile, sind selten vertreten. Ebenso zählt die Beigabe von Waffen in Männergräbern zu den Ausnahmen. Ein eisernes Griffangelschwert aus Hügel 23 von Altheim und der Eisenhelm aus Hügel 1 von Böckweiler ,,Grünbachwald'' sind die einzigen uns bekannten frühlatènezeitlichen Waffen im Saar-Pfalz-Kreis. Letzterer gehört mit seiner halbkugeligen Kalotte zu den ältesten keltischen Eisenhelmen, wobei die Verwendung von Eisen zu seiner Herstellung aller Wahrscheinlichkeit nach auf orientalische Vorbilder zurückzuführen ist. Ein Eisenschwert und eine eiserne Lanzenspitze aus Jägersburg ,,Eiskeller'' hingegen, die zusammen mit frühlatènezeitlichen Inventarteilen in einem Grabhügel gefunden wurden, sind vermutlich einer mittellatènezeitlichen Nachbestattung zuzuschreiben.

Abb. 29 Bronzene Knotenarmringe der Frühlatènezeit (LT B);
1 Medelsheim, ,,Klosterwald'', Hügel 4/Grab 1;
2 Medelsheim, ,,Brühl'', Grabfund.

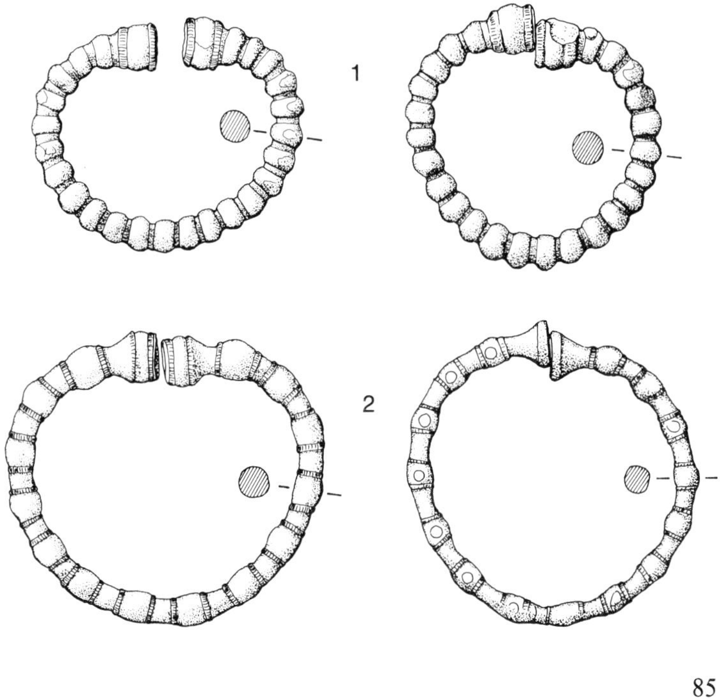

Abb. 30 Böckweiler, keltischer Eisenhelm.

Zur Mittel- und Spätlatènezeit (280-25 v. Chr.) sind im südöstlichen Saarland kaum Funde vorhanden. Wenige Brandgräber in Schwarzenacker, die lediglich Keramikfragmente enthielten, sowie vermutlich eine Nachbestattung in einem Grabhügel im Grünbachwald bei Böckweiler sind die einzigen Belege zur jüngsten vorrömischen Eisenzeit in dieser Region. Das vermeintliche siedlungsarchäologische Vakuum setzt sich nach Westen und in den lothringischen Raum fort, worin sich wohl nicht die tatsächlichen Besiedlungsverhältnisse widerspiegeln, sondern eher Forschungslücken für das unvollständige Bild verantwortlich sind. Im nordöstlichen Saarland hingegen, im Hunsrück sowie in der Rheinebene ist die Quellenlage deutlich besser und teilweise geradezu vorbildlich, so daß wir die dort zu erlangenden Informationen in groben Zügen auch auf den Saar-Pfalz-Kreis übertragen können.

Der Leichnam des Verstorbenen wird auf dem Scheiterhaufen verbrannt; danach werden die Knochenreste aus der Asche ausgelesen und in eine Urne gefüllt oder der Leichenbrand wird direkt auf die Grabsohle geschüttet. Es handelt sich durchweg um Flachgräber, die oberirdisch allenfalls durch nicht mehr nachzuweisende Holzpfosten, Steinhaufen o.ä. markiert waren. In den Gräbern finden wir in erster Linie Tongefäße, die Trank- und Speisebeigaben für das Leben im Jenseits enthalten haben mögen; teilweise tragen sie auch Spuren des Scheiterhaufenfeuers. Außerdem werden Schmuck, Waffen und Gerätschaften den Toten mitgegeben. Derart krasse soziale Differenzierungen, wie wir sie für die Frühlatènezeit kennen, sind in den mittel- und spätlatènezeitlichen Grabinventaren nicht auszumachen. Offenbar hat der Wandel von der Körperbestattung zur Leichenverbrennung eine gewisse Ernüchterung im Totenritual nach sich gezogen. Die Betonung irdischer Finalität durch die Einäscherung des menschlichen Körpers hat sich auch auf die Art und Weise der Grabausstattung ausgewirkt. Die gleichzeitig im Totenritual deutlich werdende Abstraktion der Jenseitsvorstellungen spiegelt sich auch in der Manifestierung sozialer Unterschiede wider, die nun weitaus „diskreter" im archäologischen Kontext erscheinen. Im Fachjargon spricht man von einer „pars-pro-toto-Sitte" und meint damit die Beigabe von Teilobjekten, die symbolhaft ein Gesamtensemble repräsentieren. So genügt zum Beispiel die Beigabe eines einzigen unscheinbaren Zügelführungsringes, um eine Bestattung als Wagengrab zu charakterisieren, wobei die Bedeutung des Wagens als Grabbeigabe und sozialer Indikator aus den vorangegangenen Zeitepochen ja durchaus bekannt ist.
Sowohl für die Hallstatt- als auch für die Latènezeit wurde bisher nur von Grabinventaren gesprochen; die zugehörigen Siedlungen und Kultplätze konnten archäologisch nicht erfaßt werden. Es gibt nur ganz wenige Indizien, die auf die Existenz dieses weitgehend zerstörten Quellenmaterials hindeuten. So konnten im Ausgrabungsgelände von Bliesbruck zwei Siedlungsgruben mit späthallstattzeitlichen Scherbenfunden dokumentiert werden. Auf Reinheimer Seite sind Bruchstücke hallstatt- und frühlatènezeitli-

cher Bronzearmringe im Bereich der neuesten Ausgrabungen des römischen Villenkomplexes entdeckt worden. Diese Fundzusammenhänge wie auch unsere Kenntnis über die spätlatènezeitlichen Grabfunde im römischen Siedlungsareal von Schwarzenacker bestärken uns in der Auffassung, daß eisenzeitliche Siedlungssubstanz nicht nur durch neuzeitliche Eingriffe (Land- und Forstwirtschaft, Baumaßnahmen usw.), sondern auch bereits in antiker Zeit in Mitleidenschaft gezogen wurde. Weiler oder einzelne Gehöfte wird man als gängige Siedlungsstruktur unterstellen dürfen. Höhenbefestigungen, wie wir sie aus dem nördlichen Saarland, dem Hunsrück und dem pfälzischen Raum kennen, sind bislang nur auf dem Großen Stiefel bei St. Ingbert identifiziert worden, woher einige spätlatènezeitliche Scherben stammen.
Die römische Eroberung Nordgalliens um die Mitte des 1. Jahrhunderts v. Chr. läutet das Ende der keltischen Kultur ein. Das Vordringen neuer Einflüsse aus dem Süden läßt sich kaum aufhalten, wenn auch im archäologischen Fundgut keltische Traditionen noch einige Zeit lang fortleben.

Literatur:
A. Haffner, Späthallstattzeitliche Funde aus dem Saarland. BDS 12, 1965, 7-34. — Ders., Die westliche Hunsrück-Eifel-Kultur (Berlin 1976). — W. Reinhard, Die Schwertgräber der älteren Hallstattzeit von Rubenheim im Saar-Pfalz-Kreis. 2000 Jahre Geschichte im deutsch-französischen Grenzraum (Gersheim 1984). — Ders., Ein Grabhügel der Hallstattzeit von Rubenheim, Gem. Gersheim, Saar-Pfalz-Kreis. BDS 27/28, 1986/87, 83-101. — L. Pauli, Das keltische Mitteleuropa vom 6. bis zum 2. Jahrhundert v. Chr. Die Kelten in Mitteleuropa (Salzburg 1980) 25-36. — A. Miron, Das Gräberfeld von Horath. Untersuchungen zur Mittel- und Spätlatènezeit im Saar-Mosel-Raum. Trierer Zeitschr. 49, 1986, 7 - 198.

Andrei Miron / Walter Reinhard

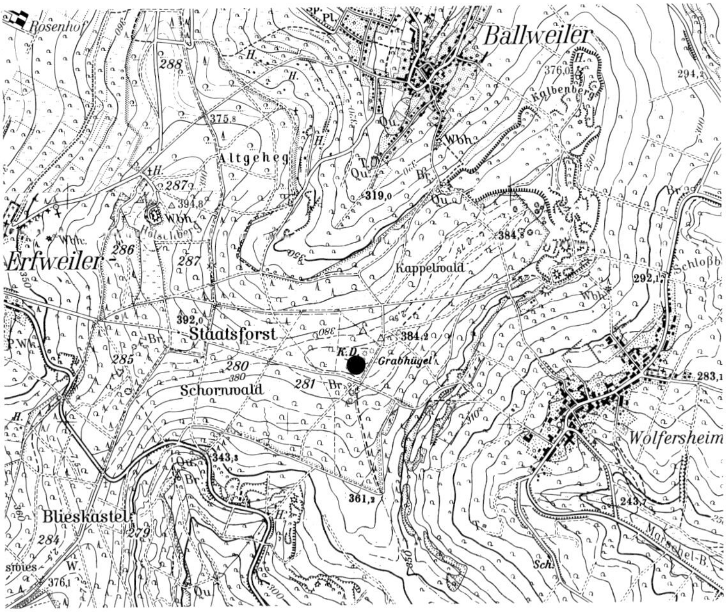

Das hallstattzeitliche Hügelgräberfeld von Rubenheim

Auf dem Muschelkalkhöhenrücken zwischen Rubenheim, Wolfersheim, Ballweiler und Erfweiler-Ehlingen befindet sich eine Grabhügelgruppe der Hallstattzeit mit 33 Rund- und einem Langhügel. Die Ausdehnung des Gräberfeldes in NO-SW Richtung macht dabei eine Anordnung der Grabhügel längs einer alten Wegführung wahrscheinlich, wobei — nach der Gruppenbildung der Grabhügel zu urteilen — offensichtlich mehrere Siedlungseinheiten einen gemeinsamen Bestattungsplatz benutzten.
1923/24 wurden von dem ersten Konservator des Saarlandes Carl Klein vierzehn, zwischen 1982 und 1987 vom Archäologischen Verein des Saar-Pfalz-Kreises unter Leitung des Verfassers neun

Hügel untersucht. Damit zählt das Gräberfeld von Rubenheim zu den besterforschtesten Grabhügelgruppen dieser Zeitstufe im pfälzisch-saarländisch-lothringischen Raum. Während sich die Ausgrabungstätigkeit von Carl Klein auf Kreissondagen von 3 bis 4 m Durchmesser im Hügelzentrum beschränkte, wurden die restlichen Hügel mit Hilfe der sogenannten Quadrantenmethode vollständig untersucht.

Die Toten waren meist ebenerdig oder vereinzelt auch in einer leicht eingetieften Grabgrube mit sargähnlicher Holzkonstruktion beigesetzt. In gestreckter Rückenlage wies der Kopf der Erstbe-

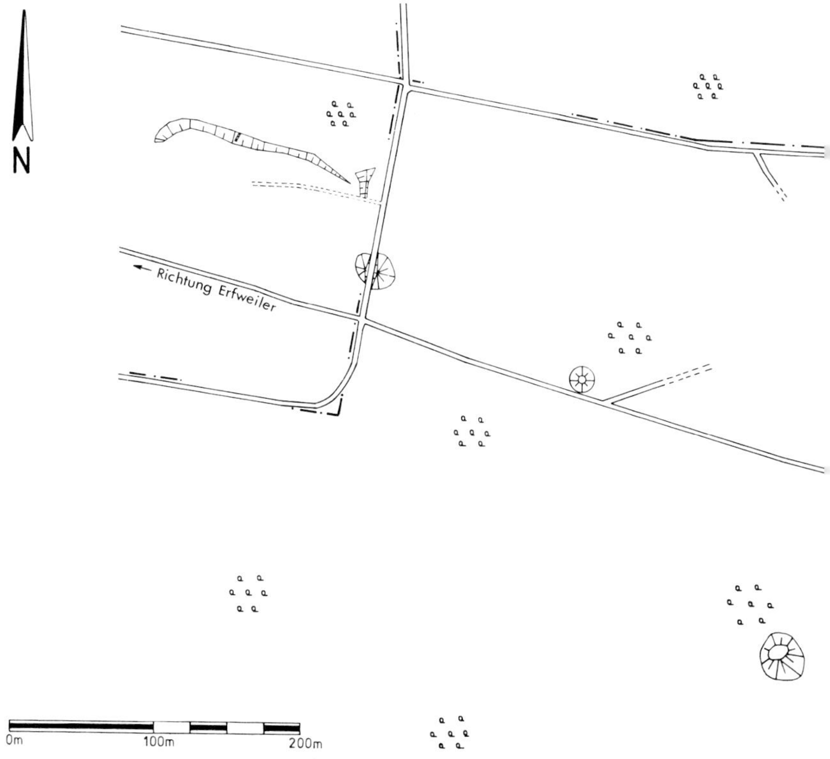

statteten immer in südliche Richtung. Um diese Holzkonstruktion waren einige Tonnen schwerer Kalksteine, die man talabwärts oberflächlich aufgelesen hatte, zu einer mächtigen Steinpackung aufgehäuft. Auch die Mächtigkeit der Steinpackung scheint gewisse Rückschlüsse auf den sozialen Rang der bestatteten Person zuzulassen. Fast ausschließlich für Nachbestattung 3 des Hügels 20 von Rubenheim wurden 3030 Steine mit einem Gesamtgewicht von 8870 kg zu 6 m^3 aufgehäuft. Die teilweise bis zu 200 kg schweren Steine wurden nach einem geologischen Gutachten aus dem Bereich der oberen Schichten des mittleren Muschelkalkes,

Abb. 31 Rubenheim, „Schornwald", Gräberfeldplan.

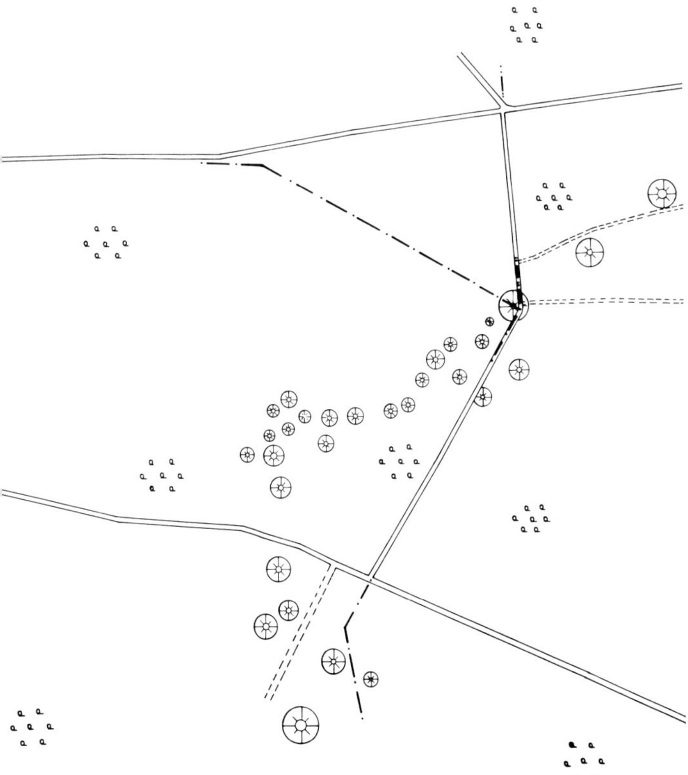

Abb. 32 Rubenheim, Freilegungsarbeiten in Hügel 20.
Abb. 33 Rubenheim, Hügel 17 mit zentraler Steinpackung und Steinkranz.

der in etwa 1 km Entfernung ansteht, herbeigeschafft. Die Motive hierfür mögen im kultischen Bereich liegen. Über diese Steinpackung waren bis zu 300 m³ Erde, die man oberflächlich in der Umgebung des Hügels abgegraben hatte, zu einem Grabmonument aufgeschüttet. Die Spitze des Hügels markierte ein Grabpfeiler; den Hügelfuß begrenzte ein Steinkranz.

All das, was die Toten nach den religiösen Vorstellungen jener Zeit im Jenseits benötigten, wurde ihnen mit ins Grab gegeben.

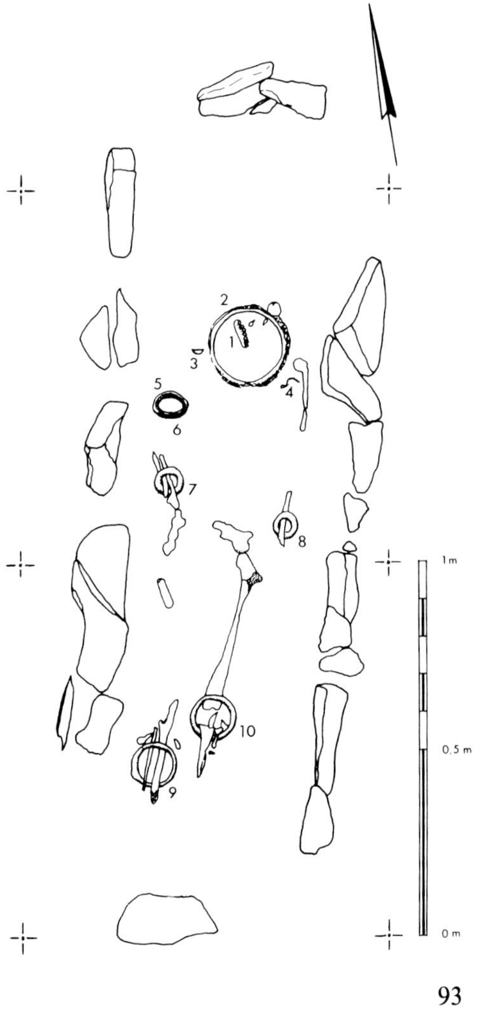

Abb. 34
Rubenheim,
Hügel 17/Grab 1;

1 br. Halsring
2 eis. Halsring
3-4 Doppelpaukenfibeln
5 eis. Oberarmring
6 br. Oberarmring
7-8 br. Armringe
9-10 br. Fußringe.

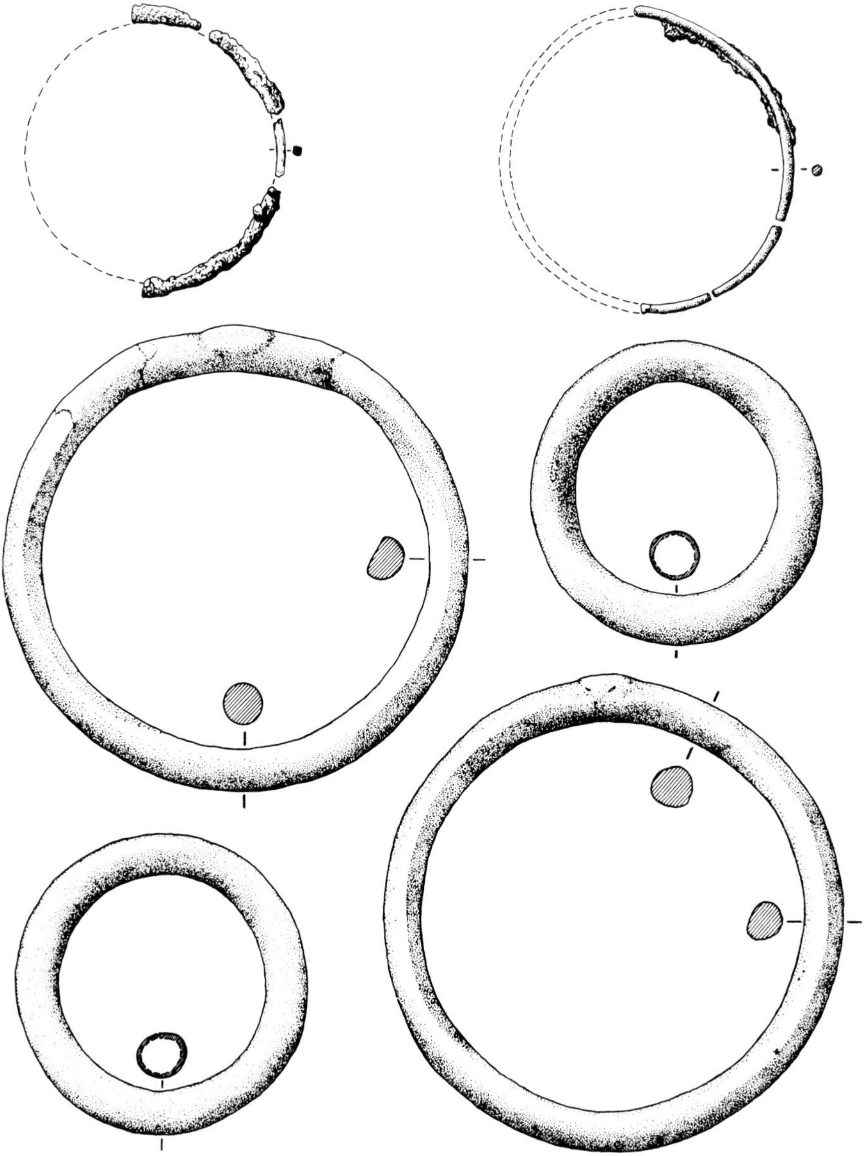

Abb. 35 Rubenheim, Hügel 17/Grab 1;
bronzener und eiserner Ringschmuck, M 1:2.

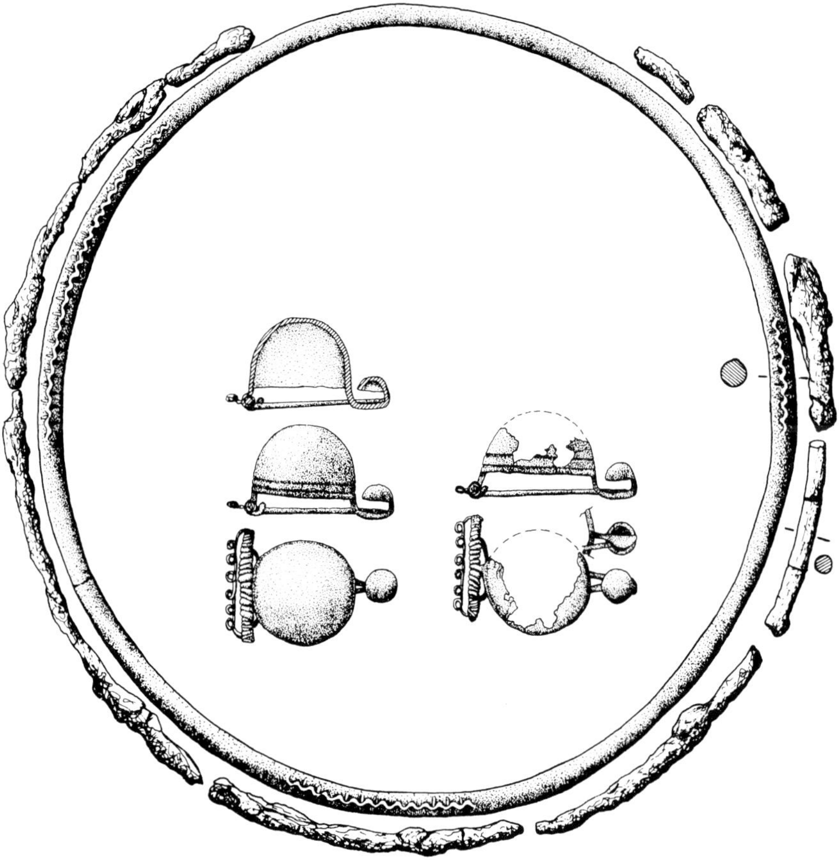

Abb. 36 Rubenheim, Hügel 17/Grab 1; Halsringe und Doppelpaukenfibeln, M 1:2.

Während sich in den Männergräbern von Rubenheim Schwerter und Rasiermesser finden, kennzeichnet die Frauengräber reiche Schmuckausstattung in Gestalt von bronzenen Hals-, Arm- und Beinringen. Beiden Geschlechtern gemeinsam ist die Mitgabe einer Urne und eines Schälchens aus Ton, die sich als kleines Trinkservice oft zu Füßen der Bestatteten fanden.

Mindestens in 11 Fällen fand sich in derselben Grabanlage eine Körperbestattung zusammen mit einer Brandbestattung. Der archäologische Befund sichert die Gleichzeitigkeit dieser unterschiedlichen Bestattungsformen, was letztendlich nur mit dem Phänomen der Totenfolge erklärt werden kann. Sieht man dies im Zusammenhang mit neueren Grabhügeluntersuchungen in Bayern und Baden-Württemberg, wo reiche Körpergräber in Grabhügeln und zwischen den Hügeln liegende, zeitgleiche Brandgräber mit ärmlicher Ausstattung anzutreffen sind, so ist man geneigt, in den unterschiedlichen Bestattungsarten einen Ausdruck unterschiedlicher sozialer Bedeutung der Verstorbenen zu sehen.

Bevölkerungsdichte und Siedlungsstruktur geben Aufschluß über die Gesellschaftsordnung in der Hallstattzeit. Aus den 22 untersuchten Grabhügeln des Gräberfeldes von Rubenheim sind 46 Körperbestattungen bekannt. Rechnet man diese Zahl auf die Gesamtzahl der Hügel unter Berücksichtigung ihrer Größe hoch, so ist mit etwa 60-80 Körperbestattungen zu rechnen. Verteilt auf mindestens 4 bis 5 Generationen, die sich zeitlich nachweisen lassen, entfallen auf jede Generation etwa 15 bis 20 Personen, so daß hinter den Grabhügelgruppen die Bestattungsplätze einiger weniger Familien stehen. Innerhalb dieser Familienbestattungsplätze nehmen die vier mit Schwert bestatteten Krieger eine exponierte soziale Stellung ein, die u.a. auch in der aufwendigen Grabherrichtung zum Ausdruck kommt. Jene Schwertträger wird man wohl am ehesten als Familienoberhäupter bezeichnen dürfen.

Literatur:

C. Klein, Die Untersuchung von 14 Grabhügeln der im Schorn- und Kappelwald bei Rubenheim befindlichen Hallstatt-Nekropole. BDS 2, 1927, 9-29. — Ders., Aus der Vorgeschichte des Saargebietes. Südwestdeutsche Heimatblätter 4, 1930-2, 9-12; Abb. 9-12. — W. Reinhard, Die Schwertgräber der älteren Hallstattzeit von Rubenheim im Saar-Pfalz-Kreis. 2000 Jahre Geschichte im deutsch-französischen Grenzraum (Gersheim 1984) 22ff. — Ders., Ein Grabhügel der Hallstattzeit von Rubenheim, Gem. Gersheim, Saar-Pfalz-Kreis. BDS 27/28, 1986/87, 83-101.

Walter Reinhard

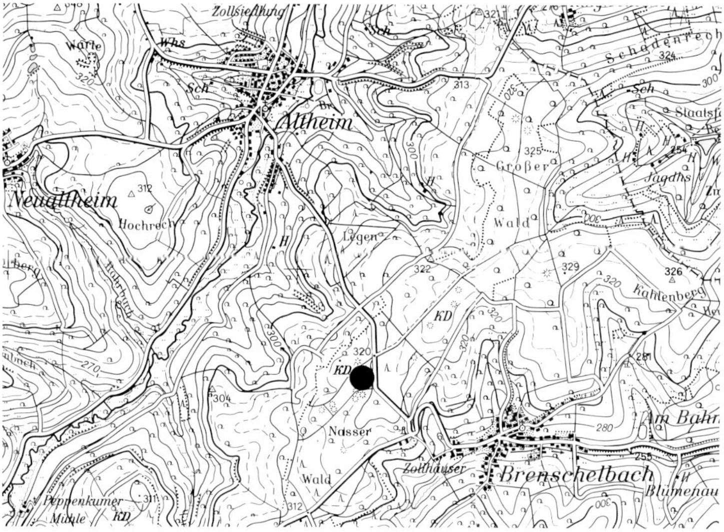

Die Hügelgräber im Wald zwischen Altheim und Brenschelbach

Auf dem bewaldeten Höhenzug zwischen Brenschelbach und Altheim haben sich in einer N-S Ausdehnung von etwa 2,5 km vier größere Gruppen mit insgesamt 95 zum Teil mächtigen Grabhügeln erhalten. Zusammen mit den zwei Grabhügeln, die der Homburger Heimatforscher B. Hagen Ende des 19. Jahrhunderts untersuchte, sind zwischen 1928 und 1930 durch die Ausgrabungstätigkeit des ersten Landeskonservators Carl Klein 42 Grabhügel in der damals üblichen Grabungsmethode untersucht worden. Nach Ausweis der Funde wurde auf dem Höhenrücken kontinuierlich von der frühen Urnenfelder- bis zur Mittellatènezeit (1200 - um 300 v. Chr.) bestattet, wobei die verschiedenen Grabhügelgruppen ihren Belegungsschwerpunkt zu unterschiedlichen Zeiten haben. Dies läßt möglicherweise den Rückschluß zu, daß entweder eine

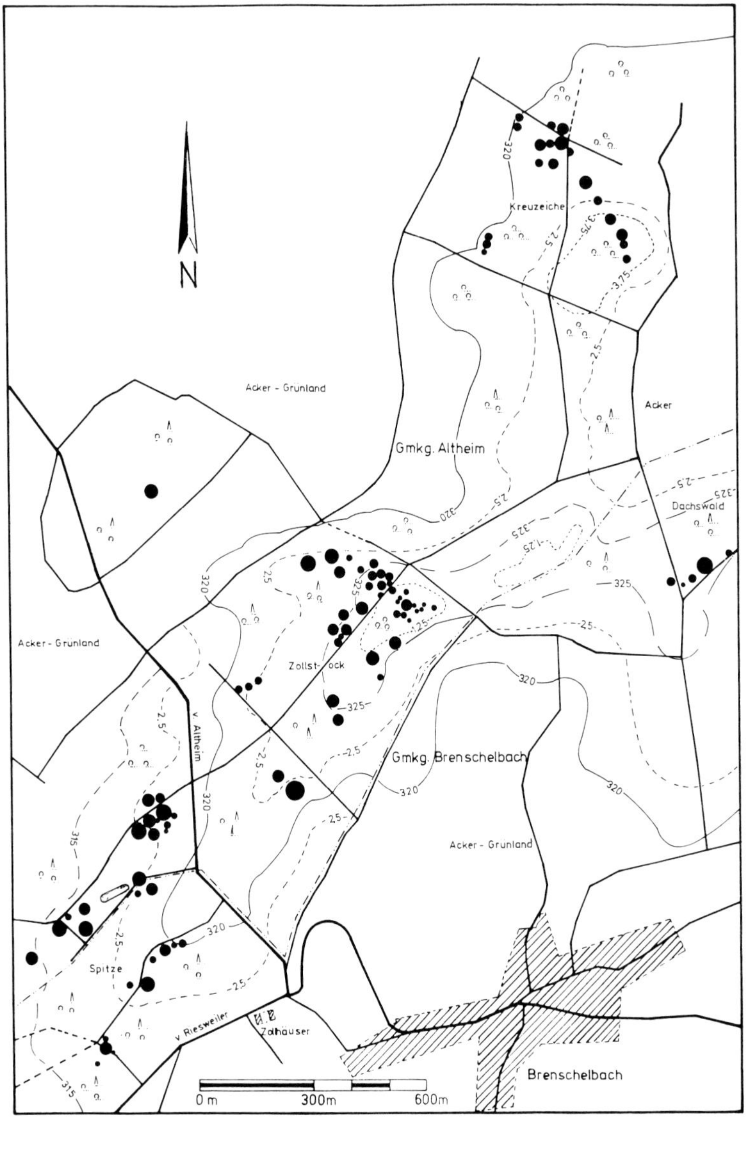

Abb. 37 Altheim-Brenschelbach, Grabhügelfelder.

Siedlungseinheit ihren Friedhof von Zeit zu Zeit um mehrere 100 m verlegte oder daß im Laufe der Jahre neugegründete Siedlungen separate Bestattungsplätze anlegten. Im Bereich der Gruppe ,,Zollstock'', die mit 42 Grabhügeln die zahlenmäßig größte Gruppe darstellt, wurden die ersten Grabhügel schon in der frühen Urnenfelderzeit errichtet. Brandbestattung in einer Urne unter Mitgabe von weiteren Tongefäßen und vereinzelten Trachtbestandteilen sind hierfür kennzeichnend. Fast 500 Jahre später, zur jüngeren Hallstattzeit (630-450 v. Chr.), wurden dann in diese vorhandenen Grabhügel zahlreiche Nachbestattungen eingebracht.

Abb. 38 Altheim, Grabhügel in der Flur „Spitze".

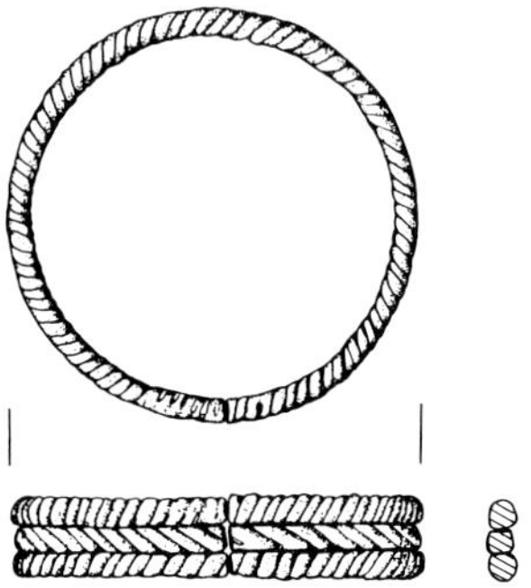
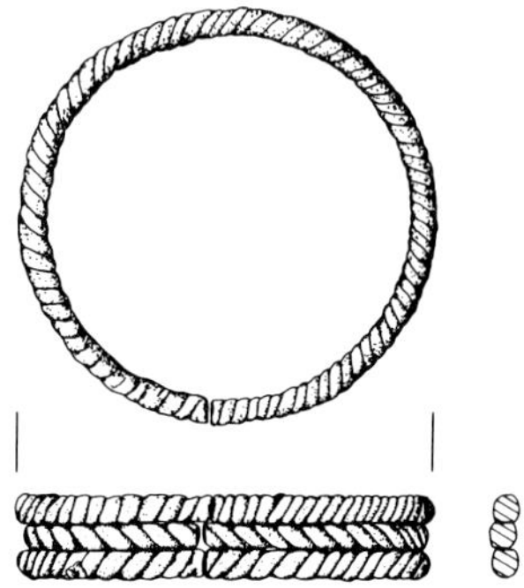

1

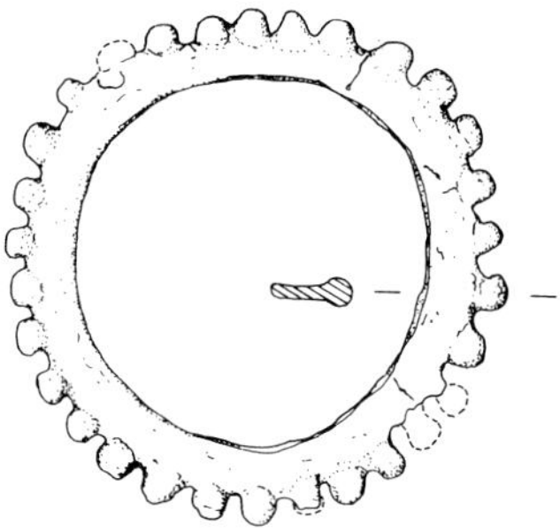
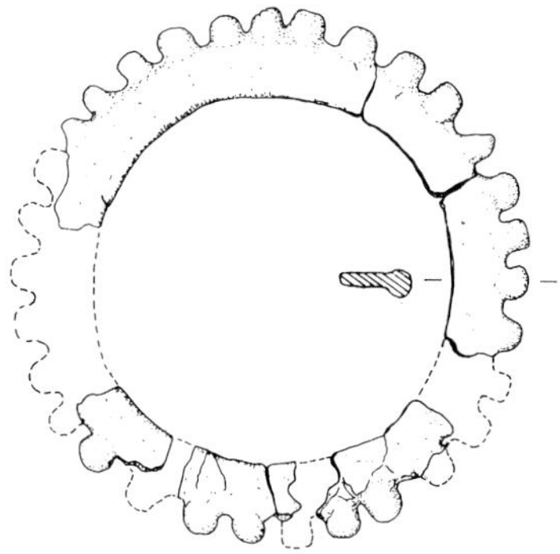

2

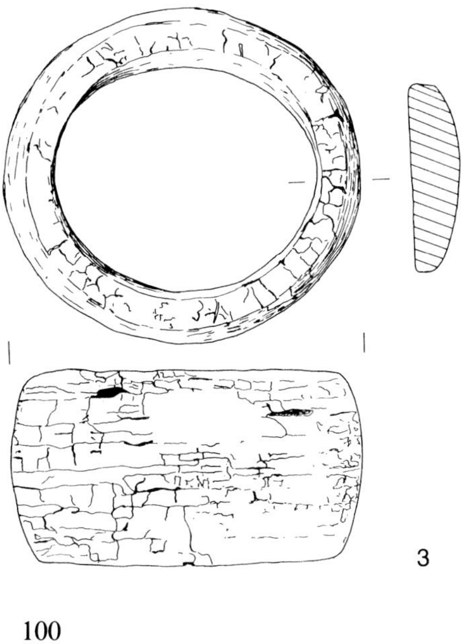

3

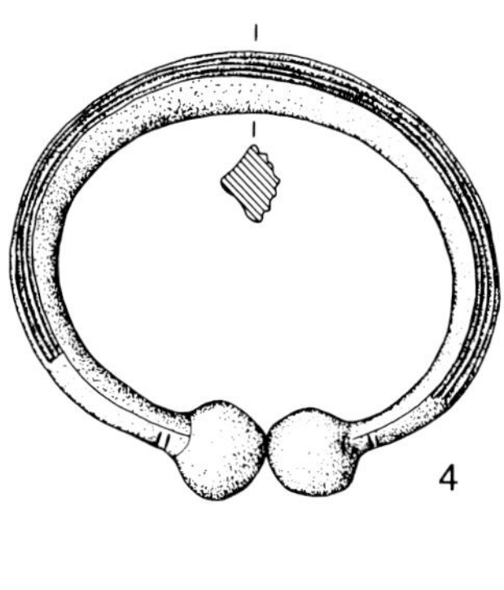

4

Ist die Beigabenlosigkeit der Männergräber charakteristisch für diesen Zeitabschnitt, so zeigt sich in den Frauengräbern mit reichem Hals-, Arm- und Beinschmuck aus Bronze der Wohlstand der zugehörigen Bevölkerungsgruppe. Besondere Bedeutung kommt der südlich der Verbindungsstraße Altheim - Brenschelbach gelegenen Grabhügelgruppe ,,die Spitze'' zu, wo sich inmitten der ansonsten gerundeten Grabhügel in W-O Richtung ein Wallhügel von 96 m Länge und 17 m Breite erstreckt. Durch die Auffindung von 4 Gräbern in diesem Wallhügel gelang Carl Klein der Nachweis, daß es sich bei dieser sonderbaren Hügelform, die man vereinzelt auch in anderen Gräberfeldern antreffen kann, tatsächlich um Grabmonumente handeln muß. Während im Zentrum ein Brandgrab vom Ende der späten Bronzezeit (800 v. Chr.) mit Griffdornmesser und zahlreicher Keramik entdeckt wurde, können drei weitere S-N ausgerichtete Körpergräber, die sich im Randbereich des Hügels fanden, durch die Mitgabe eines Tongefäßes in die ältere Hallstattzeit datiert werden (750-630 v. Chr.). Die bislang 14 untersuchten Grabhügel (von insgesamt 20) der Nordgruppe auf der Flur ,,Kreuzeiche'' haben mit Ausnahme eines späthallstattzeitlichen Grabes nur Gräber der Frühlatènezeit erbracht (450- um 300 v. Chr.). Wie in der vorangegangenen jüngeren Hallstattzeit herrscht die Körperbestattung weiterhin vor. Im Gegensatz zu den massiven, oft unverzierten Ringen der jüngeren Hallstattzeit ist der Ringschmuck der Frühlatènezeit aber weitaus zierlicher und mit prächtigen Petschaftenden, Knoten und geometrischen Stilmustern verziert.

Literatur:

K. Klein (aus dem Nachlaß hrsg. von W. Vahle), Die Freilegung von Grabhügeln aus der Spät-Hallstattzeit und La-Tènezeit im Gemeindewald von Altheim und Brenschelbach. BDS 5, 1934, 34ff. — A. Haffner, Die Hügelgräber im ,,Großen Wald'' zwischen Altheim und Brenschelbach. Führer zu vor- und frühgeschichtlichen Denkmälern 5: Saarland (Mainz 1966) 151ff.

Walter Reinhard

◁ Abb. 39 Altheim; 1 ,,Zollstock'' Hügel 6/Grab 4; 2-3 ,,Spitze'' Hügel 2/Grab 1; 4 ,,Zollstock'' Hügel 15/Grab 2.

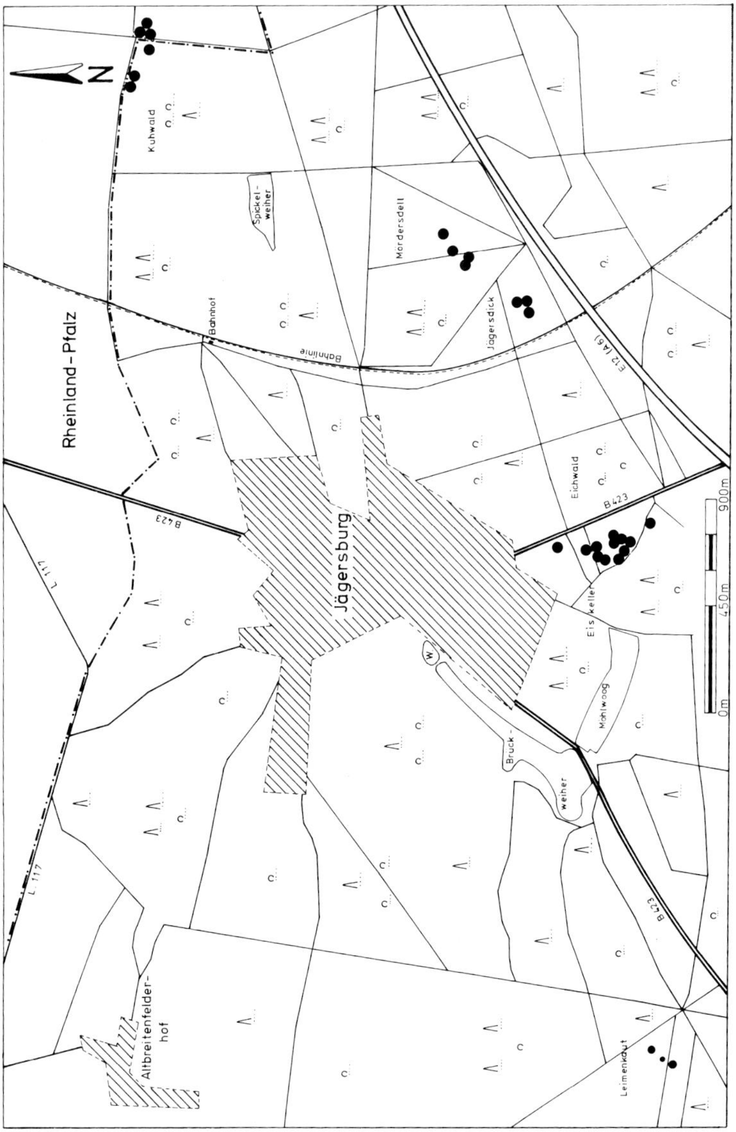

Abb. 40 Grabhügelfelder der Gemarkung Jägersburg.

Die Grabhügel auf der Gemarkung Jägersburg

Das ausgedehnte Waldgebiet im Bereich der Gemarkung Jägersburg birgt mehrere, vorwiegend kleinere Grabhügelgruppen, von denen schon im 19. Jahrhundert etliche Grabhügel durch unsystematische Grabungen und den Bahnbau zerstört wurden. Während im Bereich der fruchtbaren Muschelkalkböden des Bliesgaus schon in der älteren Hallstattzeit (750-630 v. Chr.) große Grabhügelgruppen angelegt wurden, scheint nach Ausweis der bislang bekannten Funde die Besiedlung des weniger fruchtbaren Sandbodens im Raum Homburg-Jägersburg erst in der jüngeren Hallstattzeit (630-450 v. Chr.) einzusetzen.

Links der Straße von Homburg in Richtung Jägersburg befindet sich in der Flur „Im Eiskeller" eine Gruppe von 11 größeren Grabhügeln. Im Auftrag des Historischen Vereins der Pfalz untersuchte hier der Lehrer Fichter im Winter 1895/96 zwei Grabhügel. Den Umfang der Ausgrabungsarbeiten zu bestimmen ist ebenso unmöglich wie eine exakte Identifizierung der beiden Hügel.

1886 wurden von Pfarrer Christ aus Obermoschel dem Historischen Museum der Pfalz verschiedene Funde aus einem „ersten Hügel" übergeben, die wahrscheinlich aus zeitlich unterschiedlichen Gräbern stammen. Gegenüber dem frühlatènezeitlichen kleinen Vierknotenring aus Bronze mutet ein Eisenschwert mit rechteckiger Griffangel deutlich jünger an, wohingegen eine eiserne Lanzenspitze, das Bruchstück eines Eisenmessers und die Scherben eines Tongefäßes chronologisch nicht zu bestimmen sind. Die Funde „aus dem zweiten näher bei Jägersburg gelegenen Grabhügel" wurden am 16.4.1898 übergeben. Obwohl die Zusammengehörigkeit der Funde nicht gesichert ist, könnte der Bronzering mit Petschaftenden und die schälchentragende Bronzefibel zu einem Grab der Frühlatènezeit (450 - um 300 v. Chr.) gehören.

Unweit der Bahnlinie liegen auf einer dünenartigen Erhebung der Flur „Jägerdick" drei wohlerhaltene Grabhügel. In dem ersten (Dm. 18,5 m; H. 1 m), der im August 1961 vom Staatlichen Kon-

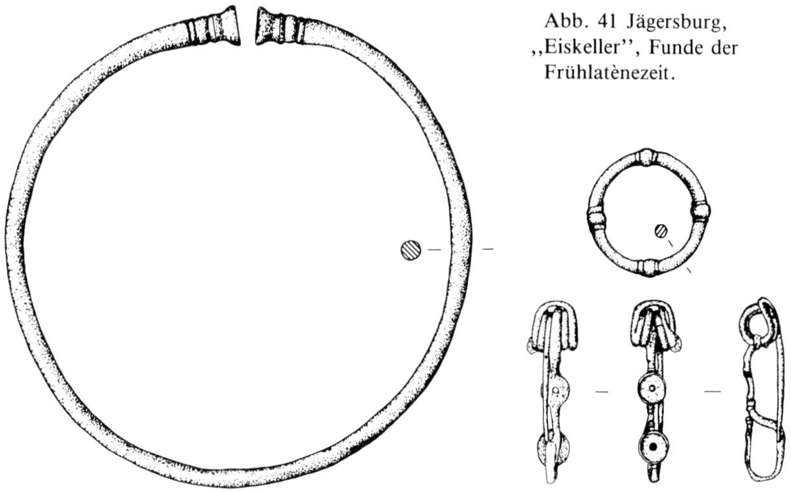

Abb. 41 Jägersburg, „Eiskeller", Funde der Frühlatènezeit.

servatoramt untersucht wurde, fanden sich drei, etwa 0,40 m eingetiefte Grabgruben von unterschiedlicher Orientierung. Die Skelette waren in dem anstehenden Sandboden vollständig vergangen; auch Trachtbestandteile und Beigaben wurden nicht beobachtet. Ein großer, behauener Sandstein dürfte in der Mitte des Hügels als Grabstele gedient haben.
Mehr Glück hatte die Lehrgrabung der Universität des Saarlandes im September gleichen Jahres. In einer von zwei Grabgruben des Hügels 3 (Dm. 23 m; H. 0,7 m) lagen zusammen mit einem offenen Halsring aus massiver Bronze zwei Ohrringe aus dünnem Bronzeblech mit ineinandergesteckten Enden. Aus der Richtung der Grabgrube und der Lage des Bronzeschmucks läßt sich auf eine NO (Kopf) -SW orientierte, vergangene Frauenbestattung schließen, wobei die großen Hohlblechohrringe eine Datierung in die Späthallstattzeit, etwa um 600 v. Chr., erlauben.

Literatur:

Mitt. Hist. Ver. Pfalz 23, 1899, 248; Taf. 1, 4. — A. Haffner, Ausgrabung zweier Grabhügel in Jägersburg (Kr. Homburg). BDS 9, 1962, 35ff.

Walter Reinhard

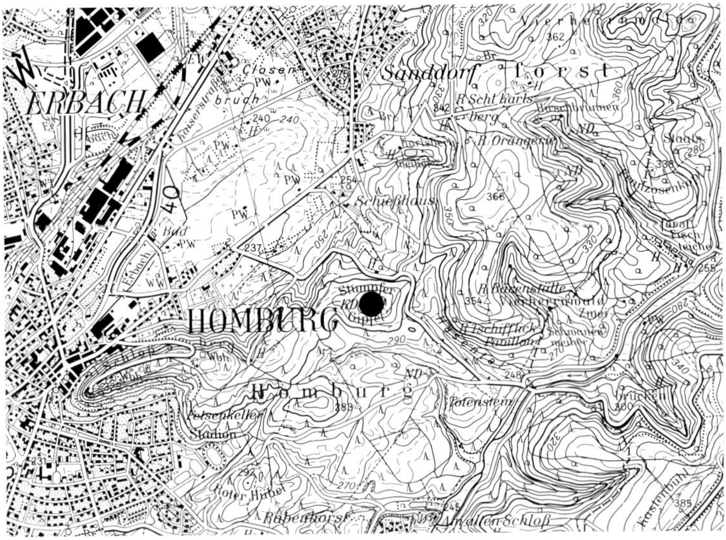

Grabhügel der Hallstattzeit am Stumpfen Gipfel bei Homburg

Rechts der Straße von Homburg in Richtung Käshofen erhebt sich der Stumpfe Gipfel, ein 341 m hoher, bewaldeter Kegelberg des anstehenden Buntsandsteingebirges. Auf seinem künstlich abgeplatteten Gipfel befindet sich ein größerer Felsblock mit eingearbeiteten Mulden. Dem von Trockenmauerwerk eingegrenzten Felsplateau kommt aufgrund seiner Gipfellage vielleicht kultische Bedeutung zu, wobei ein zeitlicher Zusammenhang mit den an seinem südöstlichen Hang gelegenen zwei Grabhügelgruppen der Hallstattzeit bestehen könnte.
Mindestens acht Grabhügel gehören zu einer Gruppe 600 m südöstlich des Stumpfen Gipfels, die im Stadtbereich Homburg, Flur „Lange Tannen" entlang der Straße Homburg - Käshofen liegt. Ende des 19. Jahrhunderts untersuchte hier der Heimatforscher

B. Hagen zwei Grabhügel, nachdem man angeblich schon früher in mehreren Hügeln Bronzegegenstände und Urnen ausgegraben hatte. Fand er in dem ersten Hügel unter einer Steinpackung nur Tonscherben, so enthielt der zweite Hügel nach Wegräumen der Steinabdeckung eine N-S orientierte Körperbestattung der älteren Hallstattzeit (750-630 v. Chr.), bei deren Oberschenkel eine Urne mit Leichenbrand stand.

Erfolgreicher waren dann die Ausgrabungen des Staatlichen Konservatoramtes unter Leitung von Josef Keller, der im Juli 1939 ebenfalls zwei Grabhügel untersuchte. Obwohl die Unterlagen im Krieg verbrannt sind, lassen sich die Fundumstände anhand seines noch 1939 veröffentlichten Vorberichtes zumindest teilweise klären. In einem großen, fast kreisrunden Hügel, der durch einen mächtigen Steinkranz eingefaßt war, stellte er acht Gräber der jüngeren Hallstattzeit (630-450 v. Chr.) fest. Innerhalb dieses

Abb. 42 Grabhügel am Stumpfen Gipfel.

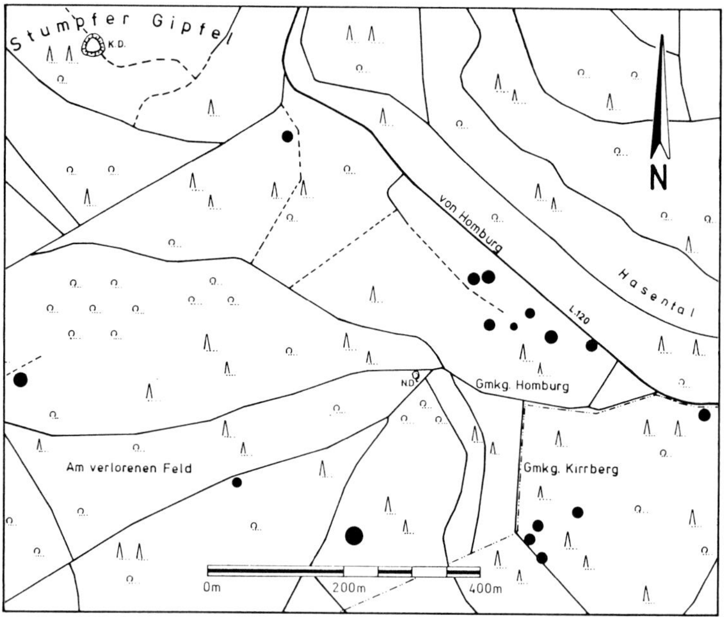

Abb. 43 Homburg, ,,Lange Tannen'', Grabhügel mit Stele.

Steinkranzes verteilten sich die aus ,,Feldsteinen aufgebauten'' Grabanlagen von zwei Metern Länge und einem Meter Breite ziemlich unregelmäßig.

Während das Skelettmaterial in dem luftdurchlässigen, kieselsäurehaltigen Sandboden vollständig vergangen war, ließen der Ringschmuck und das geometrisch verzierte Gürtelblech, die sich in einzelnen Gräbern noch in derselben Lage fanden, wie sie einst den Körper des Toten schmückten, Rückschluß auf die Orientierung der Bestattungen zu. Trotz einer tiefreichenden Raubgrabung im Hügelzentrum barg der zweite kleine Hügel mindestens zwei intakte Frauengräber mit Ringschmuck aus Bronze.

250 m weiter östlich liegt schon auf Kirrberger Bann, Flur ,,Vogelhaus'', ein vereinzelter Grabhügel, der im August 1966 von Gerd Weisgerber untersucht wurde. Die Hügelspitze bekrönte ehemals eine fünf Zentner schwere Grabstele von pyramidenförmiger Gestalt. Außer einem beigabenlosen Grab, das in einer 0,65 m tiefen WSW-ONO orientierten Grabgrube mit Steinen abgedeckt war, fanden sich in der Hügelaufschüttung zahlreiche vorgeschichtliche

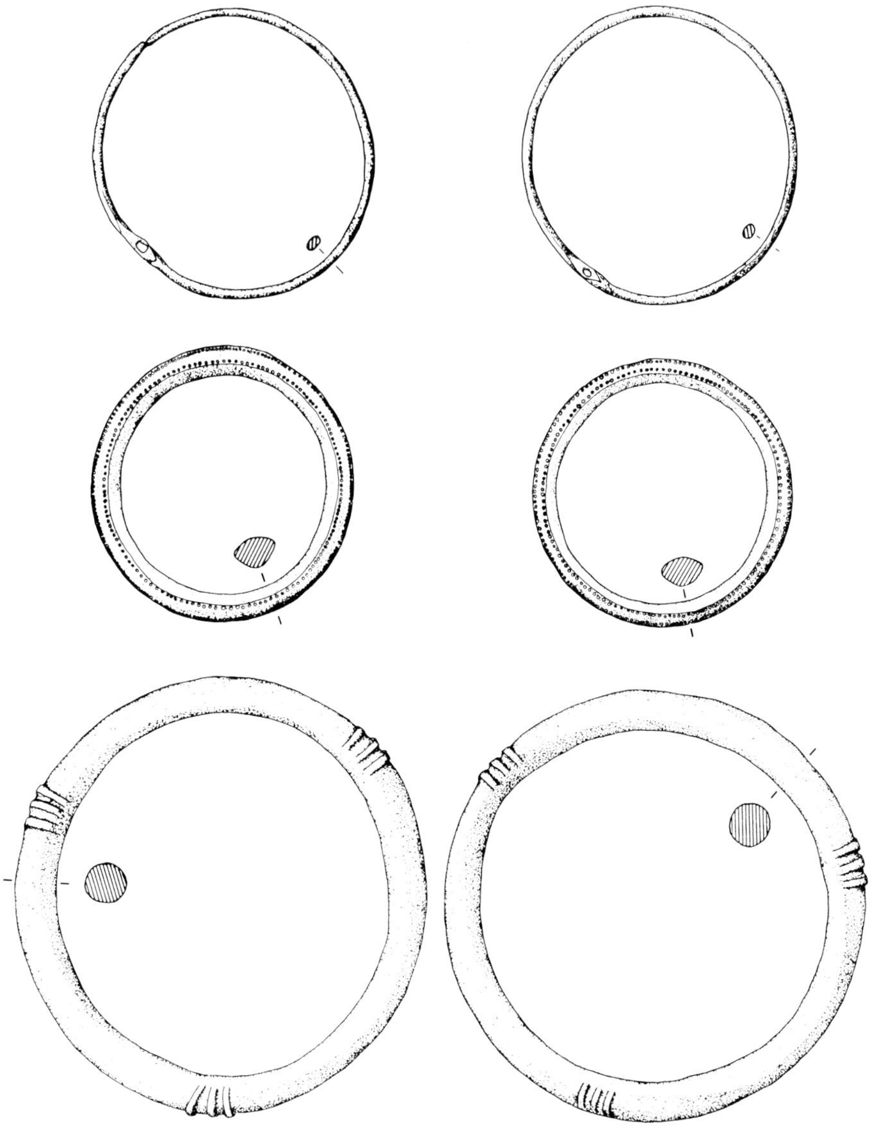

Abb. 44 Homburg, „Lange Tannen", Hügel 1/Grab 6;
bronzener Ringschmuck, M 1:2.

Scherben. Sie weisen auf einen nahegelegenen Siedlungsplatz hin. Ebenfalls auf der Gemarkung Kirrberg befinden sich in der Flur ,,Vogelhaus'' oder ,,Daubhaus'', ca. 500 m südwestlich der Grabhügelgruppe ,,Lange Tannen'', vier Grabhügel. Kurz nachdem einer der Grabhügel von Schatzgräbern ausgeplündert war, untersuchte das Historische Museum der Pfalz um 1930 auf Veranlassung des damaligen Homburger Bürgermeisters Hans Ruppersberg zwei weitere Grabhügel. In den größtenteils aus Steinen aufgeschütteten Grabhügeln fanden sich je ein reich ausgestattetes Frauengrab, deren zahlreicher Bronzeschmuck eine Datierung in die späte Hallstattzeit erlaubt.

Literatur:
B. Hagen, Beiträge zur prähistorischen Karte der Rheinpfalz (1876) 11. — J. Keller, Neue vorgeschichtliche Funde bei Homburg. Saarpfälzische Abhandlungen zur Landes- und Volksforschung 3, 1939, 222f. — A. Haffner, Späthallstattzeitliche Funde aus dem Saarland. BDS 12, 1965, 8; Abb. 2,2-4; 3,1-2 (Daubhaus); 9f. Abb. 4,3-7; 5; 6,1 (Lange Tannen). — A. Kolling, Der Stumpfe Gipfel bei Homburg. Führer zu vor- und frühgeschichtl. Denkmälern 5: Saarland (Mainz 1966) 132ff. — G. Weisgerber, Ein Grabhügel der Hallstattzeit mit Grabpfeiler in Homburg-Saar. BDS 14, 1967, 87ff. — A. Kolling, Bau- und Pflegemaßnahmen an archäologischen Geländedenkmälern des Saarlandes. BDS 14, 1967, 74. — A. Kolling, Späte Bronzezeit an Saar und Mosel (Saarbrücken 1968) 171 Nr. 38; Taf. 28,2.

Walter Reinhard

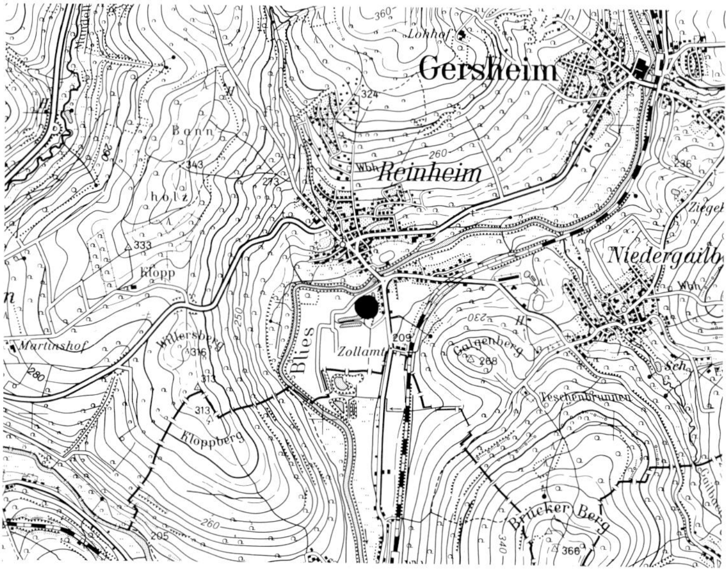

Das Grab der keltischen Fürstin von Reinheim

Kurz vor der deutsch-französischen Grenze, etwa 130 m südlich der Blies, existierte Anfang der 50er Jahre noch eine 2 m hohe, rundlichlängliche Bodenerhebung von ca. 120 m Durchmesser, der sogenannte Katzenbuckel. Im Zuge intensiver Untersuchungen sollte sich herausstellen, daß der Katzenbuckel ursprünglich eine keltische Nekropole von mehreren großen Grabhügeln war, die offenbar bereits in römischer Zeit eingeebnet bzw. verschliffen worden waren und so im Laufe der Zeit das Aussehen einer großen Bodenwelle annahm. Durch Sandgrubenbetrieb ist der Katzenbuckel vollständig abgegraben; die Fundstelle des Fürstinnengrabes lag etwa 100 m westlich der Straße Reinheim-Bliesbruck, wo sich heute ein Baggerteich befindet.

Im Februar 1954 stieß der Sandgrubenbesitzer Johann Schiel mit der Schaufel auf einen Bronzespiegel, der dabei in Trümmer ging. Das sofort benachrichtigte Staatliche Konservatoramt in Saarbrücken konnte bald darauf eine eingehende Untersuchung der Fundstelle einleiten und einen der sensationellsten Grabfunde frühkeltischer Zeit in Mitteleuropa bergen.

Unter einem mächtigen, künstlich aufgeschütteten Grabhügel von 23 m Durchmesser und 4,70 m Höhe hatte man die Verstorbene in einer großen Eichenholzkammer von 3,50 m Länge, mindestens 2,70 m Breite und 0,90 m Höhe beigesetzt. Zum Zeitpunkt der Auffindung waren die Knochen der Toten vollständig vergangen; dennoch kann aufgrund der Lage der Beigaben die ursprüngliche Situation gut rekonstruiert werden.

Um den Hals trug sie einen Torques, einen gewundenen Halsreif mit figürlich verzierten Enden, wobei ein maskenartiges menschliches Gesicht von einem stilisierten Greifvogel helmartig überragt wird. Ihr rechtes Handgelenk schmückte ein noch aufwendiger

Abb. 45 Reinheim, Griff des Bronzespiegels.

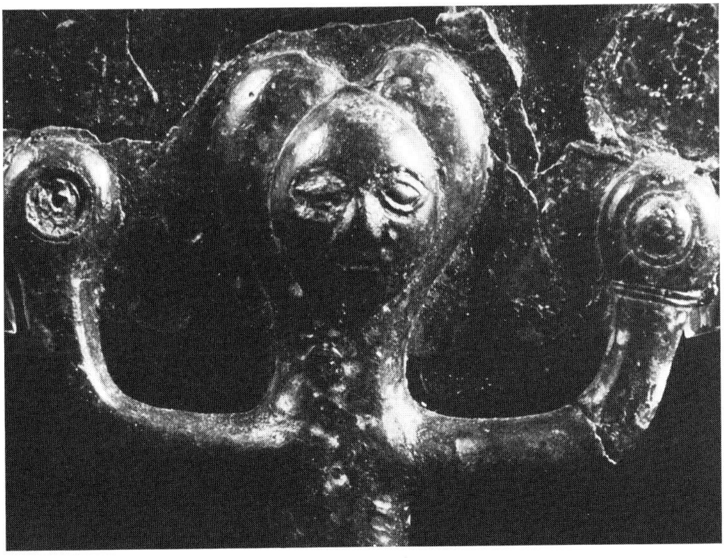

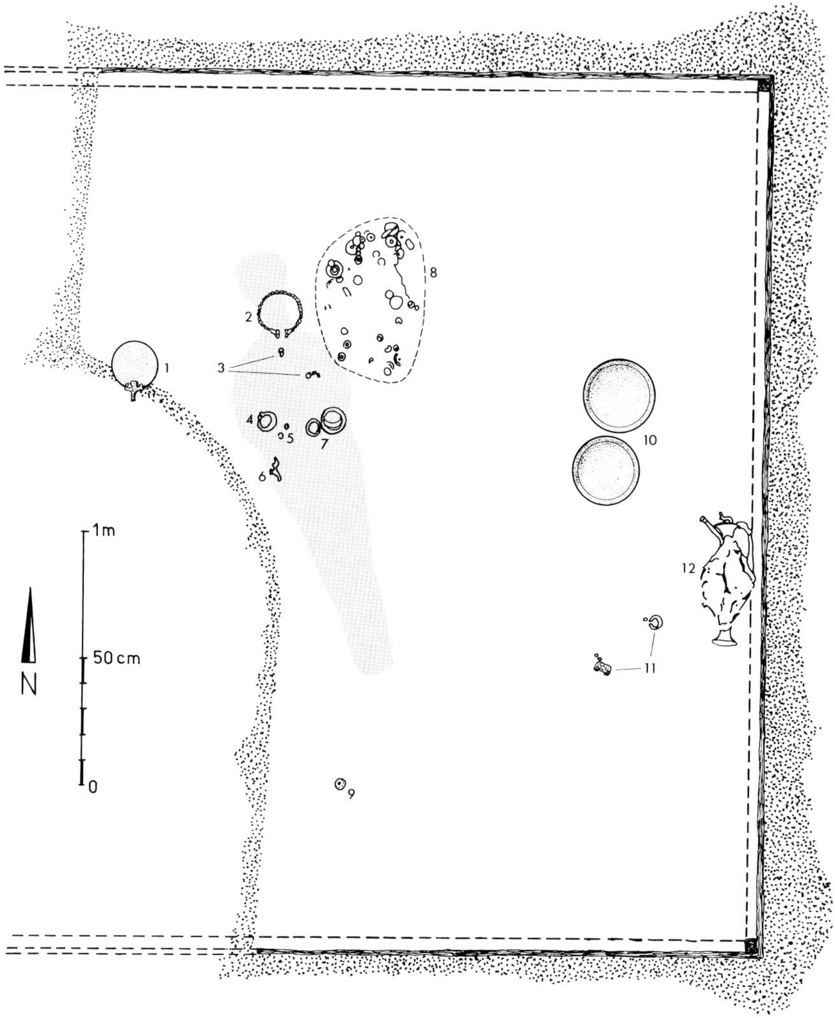

Abb. 46 Reinheim, „Fürstinnengrab", Befundskizze.

1 Bronzespiegel; 2 Torques; 3 Fibeln; 4 Armreif aus Gold; 5 Fingerringe aus Gold; 6. Hähnchenfibel; 7 Armringe aus Gold, Glas und Ölschiefer; 8 Perlen aus Bernstein und Glas, Amulette; 9 Goldscheibenfibel; 10 Bronzebecken; 11 goldene Trinkhornbeschläge; 12 Röhrenkanne.

verzierter Goldarmreif, die Finger der rechten Hand zwei goldene Ringe. Den linken Unterarm zierten drei Ringe aus Gold, Glas und Ölschiefer. Das Gewand der Verstorbenen hielten eine Goldscheibenfibel mit Koralleneinlagen und eine bronzene Maskenfibel zusammen, eine weitere Bronzefibel in Hähnchenform fand sich im Beckenbereich. Zur Rechten der Toten lag der Bronzespiegel mit menschenfigürlichem Handgriff, der zur Auffindung des Grabes geführt hatte; zur Linken — vielleicht in einem vergangenen Kästchen oder Leinenbeutel — lagen zahllose Perlen aus Bernstein und Glas, Amulette sowie andere Kostbarkeiten. Der östliche Teil der Grabkammer war für die Versorgung der Toten im Jenseits vorgesehen. Neben zwei einfachen Bronzetellern, vermutlich etruskischer Herkunft, und zwei durchbrochen gearbeiteten Goldmanschetten, die mit drei kleinen, zugehörigen Goldrosetten als Trinkhornbeschläge interpretiert werden, fand sich eine umgestürzte, ursprünglich vergoldete Bronzekanne mit röhrenförmigem Ausguß.
Zusammen mit den reich verzierten Goldringen zählt diese Kanne zu den prächtigsten Meisterwerken keltischen Kunsthandwerks. Den Kannenkörper verziert eine in mehreren Zonen angeordnete

Abb. 47 Reinheim, goldene Trinkhornbeschläge.

Abb. 48 Reinheim, goldener Ringschmuck.

Abb. 49 Reinheim, Bernsteinschmuck und Deckelfigur der Röhrenkanne.

feinst eingravierte Zirkelornamentik, die hier u.a. zu einem Lotosblütenmotiv komponiert ist. Auf dem Deckel steht ein schlankes Pferdchen mit bärtigem Menschengesicht. Auch auf der oberen Henkelattasche ist ein maskenartiger Männerkopf mit Vollbart zu erkennen, darunter ein Widderkopf. Die untere Attasche besteht aus einem mit Spiralranken verzierten Herzblatt; die stark hervortretende Mittelrippe am unteren Henkelende ist wiederum mit einer langgestreckten Männermaske verziert.
Das Fürstinnengrab von Reinheim, das etwa um 400 v. Chr. in der Bliesaue errichtet wurde, galt einer Person, die wir einer gesellschaftlichen Oberschicht zurechnen dürfen. Sei sie nun Priesterin oder Adlige, die aufwendige Grabherrichtung und -ausstattung geben ein eindrucksvolles Bild der keltischen Sozialordnung zur damaligen Zeit mit ihren ausgeprägten Gesellschaftsschichten, die sich hier im Totenritual widerspiegeln. Ein Vergleich mit den Bestattungen der „einfachen" Bevölkerung jener Zeit, die meist eher

Abb. 50 Reinheim, goldene Scheibenfibeln mit Koralleneinlagen (Nachbildungen).

spärlich mit Tongefäßen und bronzenem wie eisernem Trachtzubehör ausgestattet sind, läßt die Unterschiede in der frühlatènezeitlichen Sozialstruktur deutlich hervortreten. Neben der hier ausgewiesenen herausragenden Bedeutung einer Frau der keltischen Oberschicht erschließen sich uns auch in vagen Andeutungen Aspekte des geistig-religiösen Lebens. Die für den Frühlatène-Kunststil charakteristische Verquickung von ornamentaler Gestaltung mit magischen Motiven, aber auch die Beigabe von Amuletten mit apotropäischem Charakter könnten zu vielerlei, mehr oder minder spekulativen Interpretationen Anlaß geben.

Ein stilistischer Vergleich der Reinheimer Funde bezeugt die weiträumigen Beziehungen der keltischen Oberschicht. Die künstlerische und technische Qualität der Objekte, deren Nachschöpfung selbst in heutiger Zeit so manchem Goldschmied Schwierigkeiten bereiten würde, konnte nur von hervorragenden, hochqualifizierten Kunsthandwerkern verwirklicht werden.

Die zu der frühkeltischen Nekropole zugehörige Siedlung konnte bislang noch nicht nachgewiesen werden. Ob der an dieser Stelle das untere Bliestal beherrschende Hügel Humarich tatsächlich als Fürstensitz befestigt war, wie es in Analogie zu ähnlichen topographischen Situationen in Süddeutschland und Ostfrankreich vermutet wird, muß durch zukünftige archäologische Untersuchungen erst noch bewiesen oder widerlegt werden.

Die Funde des Fürstinnengrabes von Reinheim zählen heute zu den Prunkstücken der Ausstellung im Museum für Vor- und Frühgeschichte in Saarbrücken.

Literatur:

J. Keller, Das keltische Fürstengrab von Reinheim, 1: Ausgrabungsbericht und Katalog der Funde (Mainz 1965). — Ders., Seltener Schmuck aus den Keltengräbern von Saint-Sulpice. Jahrb. der schweizerischen Gesellschaft für Urgeschichte 52, 1965, 40-57. — Ders., Zur Datierung des keltischen Fürstengrabes von Reinheim (Saarland). Actes du VIIe Congrès International des Sciences Préhistoriques et Protohistoriques (Prag 1970) 796ff. - K. Kunter, Funde aus fernen Ländern II. Zu den polychromen Glasperlen aus dem Fürstengrab von Reinheim, Kr. St. Ingbert. Marburger Studien zur Vor- und Frühgeschichte 7, 1986, 91-128 mit Taf. 2-3.

Andrei Miron

Die Römerzeit

Mit der Eroberung Galliens in den Jahren 58 bis 50 v. Chr. durch Caesars Truppen verlor auch das keltische Volk der Mediomatriker, zu dessen Stammesgebiet unser Raum gehörte, seine Selbständigkeit. An den Lebensumständen änderte sich für die Bevölkerung zunächst wenig. Erst mit der administrativen Neuordnung unter Kaiser Augustus wurden die Voraussetzungen für eine allmähliche Romanisierung der eroberten Gebiete geschaffen. Die Region der Mediomatriker wurde der Provinz Belgica zugeordnet und dem römischen Verwaltungssystem eingegliedert. Der nun einsetzende Akkulturationsprozeß umfaßte schließlich alle Bereiche des politischen, wirtschaftlichen, religiösen und materiellen Lebens.

Archäologisch ist der Einfluß der römischen Kultur in unserem Raum zunächst nur schwer zu erfassen. Am ehesten noch spiegelt er sich in den Grabfunden wieder. Spätlatènezeitliche Keramik wird immer mehr von römischen Produkten verdrängt, wie von der sogenannten belgischen Ware oder den zunächst noch importierten Terra-Sigillata-Gefäßen.

Für die frühe Kaiserzeit fehlen noch die Siedlungsnachweise. Hatte man anfänglich noch die traditionelle Fachwerkbauweise beibehalten, so setzte sich erst gegen Ende des 1. Jahrhunderts n. Chr. die römische Steinbauweise durch. Zu dieser Zeit entwickelte sich der Bliesgau zu einer bevorzugten Siedlungslandschaft. Insbesondere die fruchtbaren Muschelkalkböden der Hoch- und Niederterrassen wurden zu einer intensiven Agrarwirtschaft genutzt. Wesentlich geringer besiedelt blieben die Sandböden im Norden, sowie die Anhöhen der Muschelkalk- und Buntsandsteinformationen. Vorherrschende Siedlungsart war der inmitten des zu bewirtschaftenden Landes gelegene Einzelhof, die Villa. Die dichte Verbreitung der Siedlungsstellen spricht für eine planmäßige Erschließung und Kolonisierung des Gebietes. Die meisten dieser Villen, die bisher ergraben wurden, stammen aus dem 2. bis 4. Jahrhun-

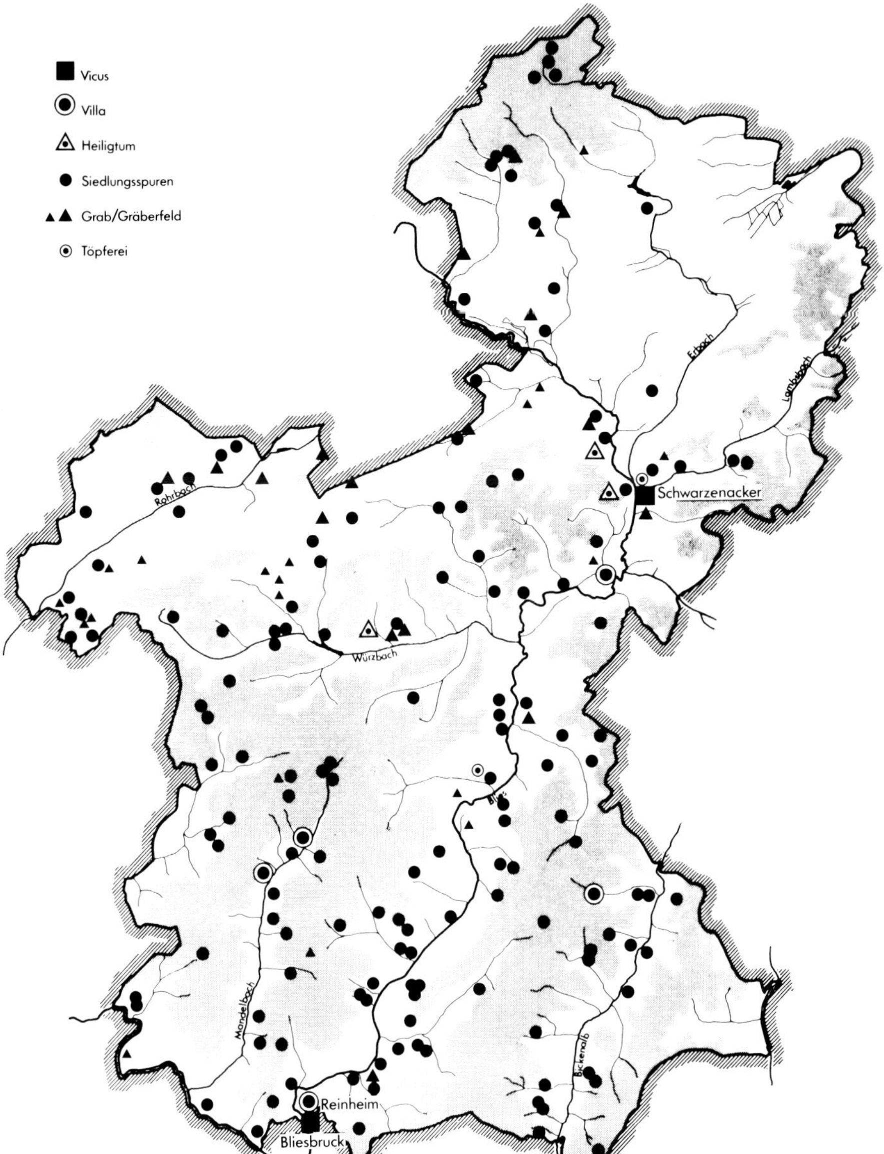

Abb. 51 Römische Fundstellen im Saar-Pfalz-Kreis.

dert. Der gängige Typ war die villa rustica, die Wohn- und Wirtschaftsbereich in einem Hof vereinte. Größe und Zuschnitt wurden in unterschiedlichen Abwandlungen des Grundrisses den Bedürfnissen der Betriebe angepaßt. Das Hauptgebäude entsprach dem allgemein für die Provinz charakteristischen Haustyp mit mehr oder minder langer Front, seitlich vorspringenden Eckbauten (Eckrisaliten) mit oder ohne verbindendem Säulengang (porticus). Dahinter lagen Wohnungen, Küche, Wirtschaftsräume und ein zum Teil erst später angebauter Badetrakt. Seltener waren gesonderte Badegebäude, wie es die Villenanlage von Erfweiler-Ehlingen besaß. Größere Villen wie in Böckweiler, Wittersheim und Erfweiler-Ehlingen verfügten über kleine Nebengebäude, die als Wirtschafts- und Gesindehäuser, Werkstätten oder Stallungen

Abb. 52 Schwarzenacker, Blick ins Freilichtmuseum.

dienten. Teilweise unabhängig selbständig wirtschaftend, ist auf der anderen Seite jedoch auch mit ausgedehnten Latifundien zu rechnen, deren Mittelpunkt luxuriöse Großvillen bildeten und deren Bewirtschaftung mehrere bäuerliche Kleinbetriebe im Umfeld übernahmen.

Städtische Siedlungen sind aus Schwarzenacker und Reinheim-Bliesbruck bekannt. Beide waren sie wichtige Marktorte und Mittelpunkte des Handels, des Transportwesens und des regionalen Kultlebens. Die Ausstattung der Siedlungen verrät den zunehmenden wirtschaftlichen Wohlstand. Ihre Entstehung fällt bereits ins 1. Jahrhundert v. Chr., für Schwarzenacker ist sogar eine kontinuierliche Besiedlung seit vorrömischer Zeit anzunehmen. Ihren späteren städtischen Charakter weisen die durch rechtwinklige Straßennetze gegliederten Siedlungskerne aus, in denen Handwerker und Händler ihrem Gewerbe nachgingen. Neben eigenständigen Töpfereien finden wir u.a. Schmiede, Schreiner und sogar einen Tuchwalker (Schwarzenacker). Zu Bliesbruck beispielsweise gehörte noch eine große Thermenanlage und eine kultische Zone mit hunderten von Opfergruben und -schächten.

Größere Ton- und Lehmvorkommen begünstigten zu Beginn des 2. Jahrhunderts den Aufbau der bedeutenden Töpfermanufaktur in Blickweiler, die sich auf die Herstellung qualitätvoller Terra-Sigillata-Ware spezialisierte. Abnehmer der Erzeugnisse war vor allem das Heer. Gegen Ende des 2. Jahrhunderts wurde dieser Betrieb aufgegeben.

In der Nähe der Siedlungen lagen stets die Friedhöfe. Doch konnte bis jetzt kein Gräberfeld planmäßig und in vollem Umfang aufgedeckt werden. Zumeist sind es einzelne Gräber oder kleinere Grabgruppen, die zufällig beobachtet wurden. In der Regel sind es einfache Brandgräber, gelegentlich mit Steinabdeckungen, die bis in die spätrömische Zeit hinein angelegt wurden.

Das größte bekannte Gräberfeld fand sich 1953 in der Nähe des Bliesbergerhofs bei Limbach, aus dem 38 Grabfunde sichergestellt werden konnten. Sie enthielten als Beigaben überwiegend Keramik und Schmuck. Männergräber waren zudem mit Lanze und Beil ausgestattet. Die Belegungsdauer reichte von der augustei-

Abb. 53 Limbach-Bliesberger Hof, frührömisches Brandgrab.

schen Zeit bis ins beginnende 2. Jahrhundert n. Chr. Zu den wenigen gesicherten Grabfunden aus der Spätzeit gehören drei bei Bexbach ,,In der Kolling'' ausgegrabene Brandgräber eines größeren, zerstörten Friedhofs. Gläser, bronzenes und eisernes Gerät sowie Keramik des 4. Jahrhunderts gehören zum Beigabengut.
Einzigartig ist das Ädikulagrabmal von Bierbach, dessen Überreste 1804 im Vorhof der dortigen Prachtvilla freigelegt wurden.

Mehrere Steinquader mit reichem figürlichen Schmuck aus der antiken Mythologie bildeten den Grabmalsockel; darüber erhob sich ein von Pfeilern getragenes und mit einem Pinienzapfen — und nicht mit einem Sphinx, wie zeitweilig vermutet — bekröntes Pyramidendach. Wahrscheinlich gegen Ende des 2. Jahrhunderts errichtet, dokumentiert dieses Grabmal das gesteigerte Repräsentationsbedüfnis eines reichen Großgrundbesitzers.

Die einheimische Religion bleibt während der gesamten römischen Kaiserzeit ihrer keltischen Tradition verbunden. Die Römer übten bei den unterworfenen Völkern in Glaubensfragen großzügige Toleranz. Die keltischen Götternamen wurden oft nur mit römischen gleichgesetzt (interpretatio romana), oder es entstanden synkretistische Gottheiten mit römisch-keltischen Doppelnamen (Mars — Cnabetius, Merkur — Jovantucarus, Merkur — Viscusius usw.), in denen römische und alteinheimische Glaubens- und Kultinhalte nebeneinander Bestand hatten. So tauchen in den plastischen Darstellungen römische Gottheiten mit keltischen Attributen versehen auf, oder, wenn beide Qualitäten gleichberechtigt nebeneinander bestehen blieben, bildete man sie auch stets einträchtig miteinander ab, wie etwa als Götterpaar den Merkur mit seiner keltischen Gefährtin Rosmerta.

Alte Stätten der Verehrung blieben bestehen. Ein Felsrelief ist auf dem Berg Hutschuck bei Kirkel gefunden worden, das das Götter-

Abb. 54 Bierbach, Sockelfragment des Grabmals.

Abb. 55 Kirkel, Merkur und Rosmerta.

paar Merkur-Rosmerta darstellt. Bei Sengscheid befindet sich das Felsrelief eines Götterpaares, im Volksmund „Hänsel und Gretel" genannt, das sich vielleicht auf die alten Wald-Gottheiten Sucellus und Sirona bezieht. Aus Schwarzenacker stammt eine Stele der keltischen Pferdegöttin Epona, die hier, an einer breiten Straße aufgestellt, die spezielle Verehrung von Pferdezüchtern und Fuhrleuten genoß. Als Heiligtum des nahen Schwarzenacker steht der 1927 im Bierbacher Klosterwald erschlossene Tempelbezirk aus dem 1. bis 4. Jahrhundert. Kern der Anlage bildete ein doppelter Umgangstempel, in dem Statuen des Merkur und der Rosmerta angebetet wurden. Auf einem Steinpodest in der Nähe erhob sich außerdem eine Jupitergigantensäule. Fragmente weiterer Jupitersäulen finden sich im Bliesgau verteilt, so u.a. in Schwarzenacker selbst, in Brenschelbach und in Niederwürzbach. Sie standen in der Nähe von Gehöften, Tempelbezirken und an Wegkreuzungen. Über große Teile Galliens verbreitet, sind sie besonders häufig in Ostgallien und waren vor allem auf dem Land Mittelpunkt religiöser Verehrung.

Die germanischen Überfälle der zweiten Hälfte des 3. Jahrhunderts verwüsteten weite Landstriche der Provinz Belgica. So weisen zahlreiche Villen im Bliestal Brand- und Zerstörungshorizonte auf. Auch die Vici in Schwarzenacker und Bliesbruck wurden geplündert und gebrandschatzt.

Nach den von Kaiser Diokletian (284 - 305 n. Chr.) bis Konstantin dem Großen (307 - 337 n. Chr.) durchgeführten Sicherungsmaßnahmen blühte das Land vorübergehend wieder auf. Es entstanden sogar neue Villen wie in Erfweiler-Ehlingen. Jedoch konnte dem bald ständig wachsenden Druck der germanischen Völker aus dem Gebiet östlich des Rheins letztlich nicht mehr widerstanden werden und häufige Germaneneinfälle um die Mitte des 4. Jahrhunderts brachten für die meisten der verbliebenen Siedlungen die endgültige Zerstörung. Große Gebiete verödeten. Zwischen dem ausgehenden 4. und dem 6. Jahrhundert kennen wir aus dem Bliestal keine kulturellen Hinterlassenschaften mehr, bis dann die Funde mit der germanischen Landnahme wieder einsetzen.

Literatur:

J. Moreau, Die Besiedlung des mittleren Bliestales in römischer Zeit. Scripta Minora, hrsg. W. Schmitthenner. Ann. Univ. Saraviensis, R. Phil. Fak. 1, 1964, 236-243. — R. Schindler, Das Saarland in römischer Zeit. Führer zu vor- und frühgesch. Denkmälern 5: Saarland (Mainz 1966) 46-70. — Ders., Gallorömische Götter, Kulte und Heiligtümer im Saarland. BDS 12, 1965, 79-106. — Versch. Verf., Die Römer an Mosel und Saar. Zeugnisse der Römerzeit in Lothringen, in Luxemburg, im Raum Trier und im Saarland. Ausstellungskatalog (Mainz 1983).

Franz-Josef Schumacher

Der Vicus von Schwarzenacker

Südlich der Kreisstadt Homburg liegt im mittleren Bliestal der Ort Schwarzenacker, dessen Boden eines der bedeutendsten Kulturdenkmäler des Saarlandes birgt: die Ruinen einer stadtartigen Siedlung aus römischer Zeit. Sie umfaßte ursprünglich eine Fläche von ca. 25 Hektar, die sich in einer Talenge links der Blies über einen leichten Abhang des Ohligberges erstreckte. Das heutige Dorf entstand erst gegen Ende des vorigen Jahrhunderts. Der Name Schwarzenacker weist schon darauf hin, daß bei der landwirtschaftlichen Nutzung seiner Fluren immer wieder Brandschutt an die Oberfläche gepflügt wurde.

Die römische Stadt Schwarzenacker — ihr antiker Name ist nicht bekannt — blickt auf eine lange Forschungsgeschichte zurück. Die frühesten Nachrichten stammen aus dem 16. Jahrhundert, aufgeschrieben von einem Mönch des benachbarten Zisterzienserklosters in Wörschweiler, der von den Trümmern einer großen Römerstadt berichtet. Erste bauliche Befunde und auch „antiquarische" Funde werden bereits im 18. Jahrhundert bekannt. So ließ 1777 Herzog Carl II August auf dem nahegelegenen „Heidenhübel" nach antiken Statuen graben. Dabei wurde das römerzeitliche Gräberfeld geplündert; die Grabbeigaben gelangten in das herzogliche Antiquarium auf Schloß Karlsberg bei Homburg und gingen in den Wirren der französischen Revolution verloren. Im 19. Jahrhundert werden wieder beachtliche Einzelfunde gemacht. Die bekanntesten, ein bronzener Kentaurenkopf und ein Schildbuckel mit der Darstellung des Ganymed, befinden sich heute im Historischen Museum der Pfalz in Speyer.

Eine rege Bautätigkeit nach den Weltkriegen lieferte eine Fülle von Einzelinformationen, die aber nur ein lückenhaftes Bild der römerzeitlichen Bebauung vermittelte. Es folgten 1954 und 1963 erste partielle Grabungen des Staatlichen Konservatoramtes in Saarbrücken, ehe dann 1965 im Rahmen eines von der Deutschen Forschungsgemeinschaft geförderten Projektes großflächige Gra-

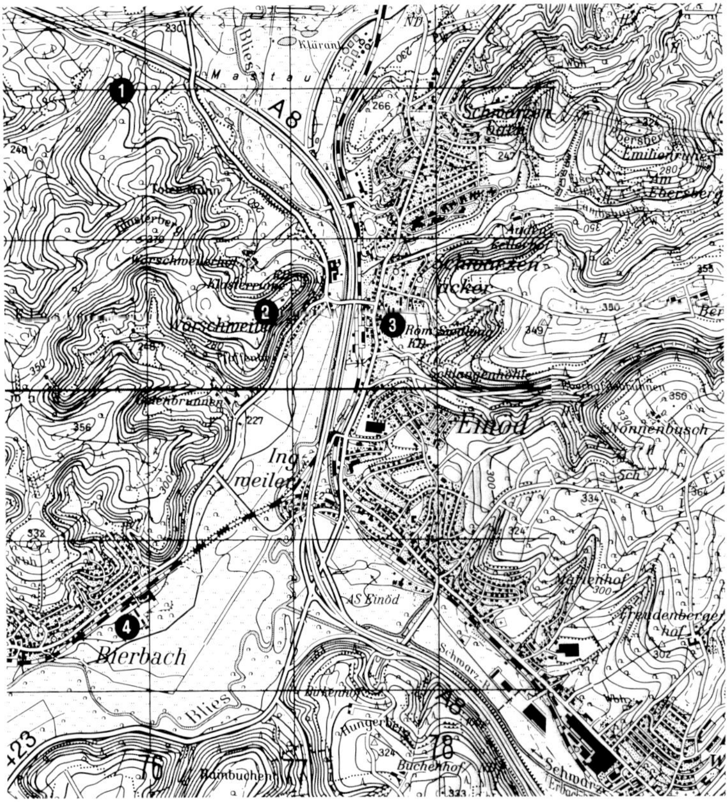

1 Bierbach Tempelbezirk; 2 Wörschweiler Römerhügel;
3 Schwarzenacker Römermuseum; 4 Bierbach römische Villa.

bungen einsetzen konnten. Unter der Leitung des Landesarchäologen A. Kolling wurde ein größerer Randbezirk des Vicus freigelegt. Das eigentliche Zentrum war bereits durch die neuzeitliche Ortsausweitung überbaut. Dennoch erbrachten die Ausgrabungen das Bild einer dichten städtischen Besiedlung, die sich innerhalb eines schachbrettartig angelegten Straßensystems erschloß. Es zeigten sich große rechteckige, meist mit einem Innenhof konzipierte Hausgrundrisse, die in planmäßiger Anordnung entlang der von Abwässerkanälen begleiteten Straße standen. Säulengänge

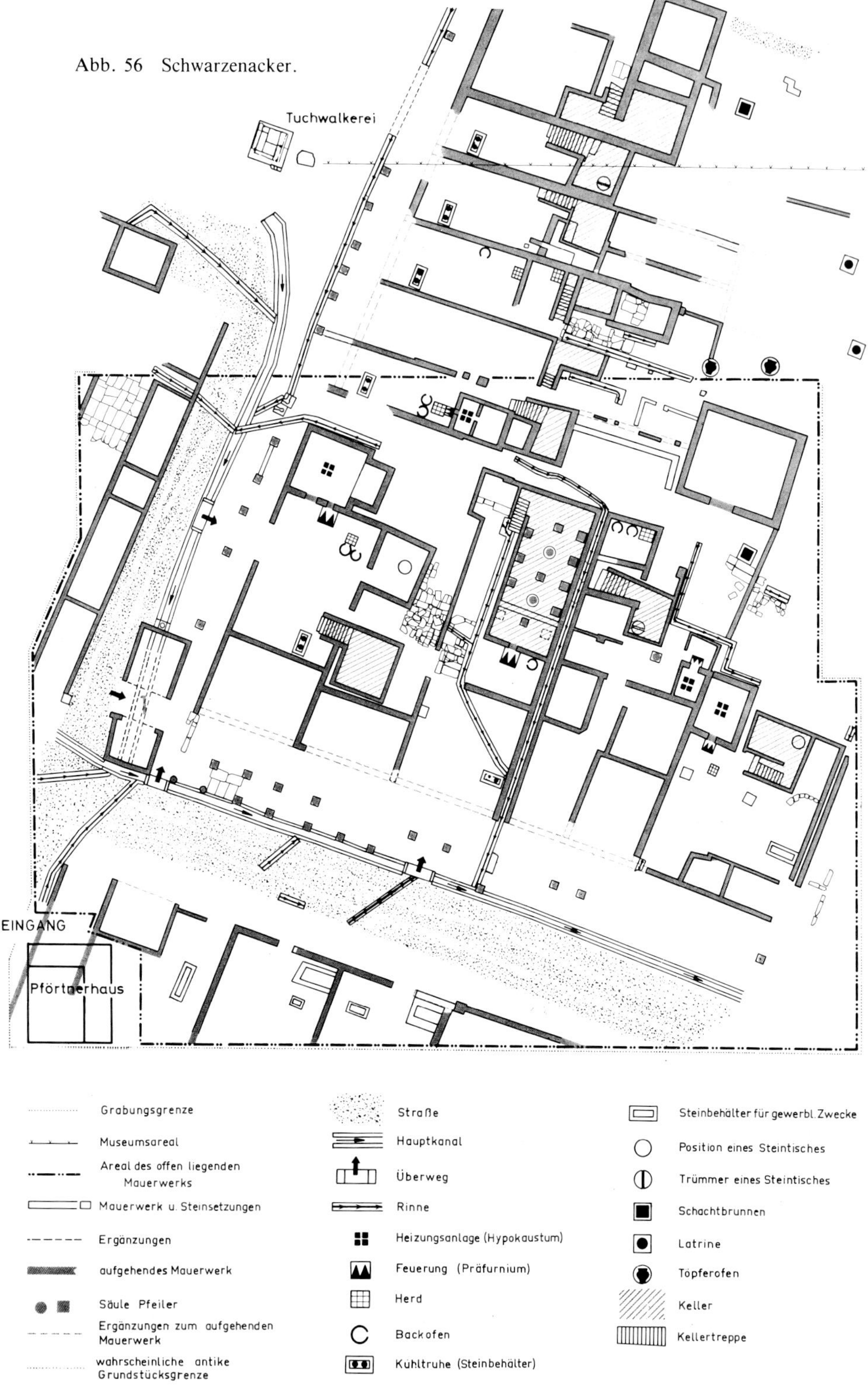

Abb. 56 Schwarzenacker.

zur Straße hin bildeten überdachte Bürgersteige. Stellenweise war das aufgehende Mauerwerk noch beträchtlich hoch und gut erhalten. Mehrfarbige Wandbemalungen sind nachgewiesen. Ein Gebäude, in dessen Schutt sich ein Stempel für Augenarznei fand und dem man deshalb den wohlklingenden Namen „Haus des Augenarztes" verlieh, besaß einen besonders großen Wirtschaftsraum mit Herdstelle, zwei Backöfen und einer Steintruhe zum Kühlstellen von Speis und Trank. Neben dem Herd lag die Feuerung für die Unterbodenheizung (Hypokaustum). Selbst kleinere Häuser waren regelmäßig mit Hypokausten ausgestattet.

Bemerkenswertester Baubefund war ein ungewöhnlich großer, mit zwei Pfeilerreihen und einer mittleren Säulenreihe versehener Keller. Zwei der Säulen dienten, indem man in ihre Schäfte runde Steinplatten eingesetzt hatte, als Tische. Das aufgehende Mauerwerk über dem Keller war als Fachwerk ausgeführt, der Innenverputz dekorativ und figürlich bemalt. In den Trümmern dieses Saalbaues fanden sich sechs bronzene Götterfiguren: ein ruhender

Abb. 57 Schwarzenacker, Säulenkellerhaus.

Abb. 58 Schwarzenacker, Kentaurenkopf.

Merkur

Genius

Abb. 59 Schwarzenacker, bronzene Götterstatuetten aus dem Säulenkellerhaus.

Merkur

Viktoria

Merkur, Apollo, Mars, Neptun, Victoria und ein Genius Populi Romani. Das Haus mag wohl als Versammlungsraum für eine religiös engagierte Bevölkerungsgruppe gedient haben. Weitere Funde von Götterfiguren und Weihedenkmälern zeigen, daß Religion und Kult im Leben der Stadtbevölkerung große Bedeutung hatten.
Technische Einrichtungen und Werkzeuge bezeugen ein umfangreiches Handwerksgewerbe. Neben Wolle-, Holz- und Eisenverarbeitung sind Töpfereien sowie der Betrieb einer Tuchwalkerei nachgewiesen.
Die Funde vermitteln den Eindruck eines geordneten und wohlhabenden Vicus, der als kulturelles und wirtschaftliches Zentrum der Region diente. Fundstellen in der Umgebung, wie der große Tempelbezirk von Bierbach bestätigen dieses Bild.
Über Jahrhunderte gewachsen konnte die Mehrphasigkeit der Siedlung nur in Ansätzen stratigraphisch erfaßt werden. Grabfunde, die sich unter einer der römischen Straßen fanden, weisen jedoch darauf hin, daß die Besiedlung dieses Platzes weit in vorrömische Zeit hineinreicht. In der zweiten Hälfte des 3. Jahrhunderts n. Chr., vermutlich durch den Germaneneinfall von 275/76, ging der blühende Marktflecken und Handelsort in einer gewaltigen Zerstörung zugrunde. Strategisch ungünstig gelegen, war er ungeeignet für Befestigungen oder zur Aufnahme einer Garnison. Die zerstörten Häuser wurden nicht mehr aufgebaut. Geringe Siedlungsspuren zeigen, daß sich nur gelegentlich noch Menschen bis in die spätrömische Zeit hinein in den Ruinen aufhielten. Dann überlagerten Brandschutt und eingeschwemmte Hangerde das Trümmerfeld.
Es ist das besondere Verdienst des ehemaligen Landesarchäologen A. Kolling, daß mit Schwarzenacker ein erstrangiges archäologisches Kulturdenkmal als Freilichtmuseum der Öffentlichkeit zugänglich gemacht wurde. Bereits im Jahre 1966 wurde die „Stiftung Römerhaus Homburg-Schwarzenacker" ins Leben gerufen. Seither wurde ein Teil der Ausgrabungsfläche konserviert und einzelne Gebäude, wie das Säulenkellerhaus und das Haus des Augenarztes, nach den Befunden rekonstruiert. In einem angren-

zenden Barockgarten entstand jüngst ein gallo-römischer Umgangstempel. Die architektonischen Rekonstruktionen von Bauwerken und Mobiliar geben dem Betrachter allemal ein plastischeres Bild römischer Lebensart der gallo-römischen Mediomatriker, als es isoliert in Vitrinen liegende Einzelfunde vermitteln könnten. Als Ergänzung zum Freilichtmuseum versteht sich so das 1984 im barocken Edelhaus eröffnete Museum. Es bietet Gelegenheit, das römische Schwarzenacker in den Gesamtkontext der vor- und frühgeschichtlichen Besiedlung des Bliesgaues einzubinden. Die hohen Besucherzahlen in Schwarzenacker sind eine Bestätigung dieser erfolgreichen Museumskonzeption, einer gesunden Mischung von wissenschaftlicher Forschung und touristischer Darbietung.

Literatur:

A. Kolling, Funde aus der Römerstadt Schwarzenacker und ihrer nahen Umgebung (Homburg 1971). — Ders., Führer durch das Freilichtmuseum Römerhaus Schwarzenacker in Homburg/Saar (Homburg 1974). — Ders., Der römische vicus bei Schwarzenacker. Führer zu vor- und frühgeschichtlichen Denkmälern 5: Saarland (Mainz 1975, 2. Aufl.) 126-132, 222-225. — Ders., Grabungen im römischen vicus Schwarzenacker. Ausgrabungen in Deutschland I, 1 (Mainz 1975) 434-445.

Franz-Josef Schumacher

Die Reiterstandbilder von Breitfurt

Dem Ausbau des Eisenbahnnetzes entlang der Blies verdanken wir die Kenntnis der größten antiken Reiterstandbilder nördlich der Alpen. Bei der Anlage eines Steinbruchs zur Materialgewinnung für den Bahnbau stieß man im Jahre 1887 bei Breitfurt auf den Hangschutt eines alten römischen Steinbruchs. Beim Abräumen des meterhohen Gerölls entdeckte man zwei lebensgroße Reiterfiguren aus Quarzsandstein. Mit der Bahn brachte man sie in das damals für das Bliestal zuständige Historische Museum der Pfalz in Speyer, wo sie vor dem Eingangsportal ihren neuen Standort fanden.

Beide Reiterfiguren waren nur in ihrer Rohform aus dem Stein herausgeschlagen. Die Römer hatten sie unfertig an der Stelle stehen lassen, an der sie die mächtigen Steinquader einst gebrochen und bearbeitet hatten. Nicht zu bezweifeln ist ihre Deutung als Standbilder römischer Kaiser, die hier gefertigt werden sollten. Dies zeigen die erkennbaren Trachtbestandteile beider Figuren wie Paludamentum, Ärmeltunika und Stiefel, die zur sog. militärischen Friedenstracht römischer Kaiser gehören. Als geplanter Aufstellungsort wird der nahegelegene Vicus von Schwarzenacker vermutet. Die Zuweisung zu einem der gallischen Sonderkaiser in der 2. H. des 3. Jhs. — von Postumus (260-269) bis Tetricus (271-273), unter deren Regierung Schwarzenacker seine wirtschaftliche Blüte erlebte — liegt nahe, läßt sich aber nicht nachweisen. Die Zerstörung des Ortes gegen Ende des 3. Jahrhunderts n. Chr. könnte einer der Gründe gewesen sein, die eine Fertigstellung der Reiterstandbilder verhinderte. Denkbar wäre jedoch auch, daß Materialmängel im Gestein sowie handwerkliche Fehler bei der Ausführung der Steinmetzarbeiten, die bei einer Untersuchung der Statuen nachgewiesen werden konnten, zu einem Abbruch der Arbeiten führten. Der Steinbruchbetrieb ging allem Anschein nach in römischer Zeit noch weiter. Die aufrecht stehenden Statuen wurden dabei vom anfallenden Schutt zugedeckt.

Abb. 60 Reiterstandbild aus Breitfurt vor dem Historischen Museum der Pfalz in Speyer.

Nachbildungen der Reiterstandbilder wurden 1978 für das Freilichtmuseum Schwarzenacker angefertigt und im Edelhof des Museums aufgestellt.

Literatur:

A. Kolling, Funde aus der Römerstadt Schwarzenacker und ihrer nahen Umgebung (Homburg 1971) 73f. — J. Röder, Die Reiter von Breitfurt. Mitt. Hist. Ver. Pfalz 58, 1960, 96ff.

Franz-Josef Schumacher

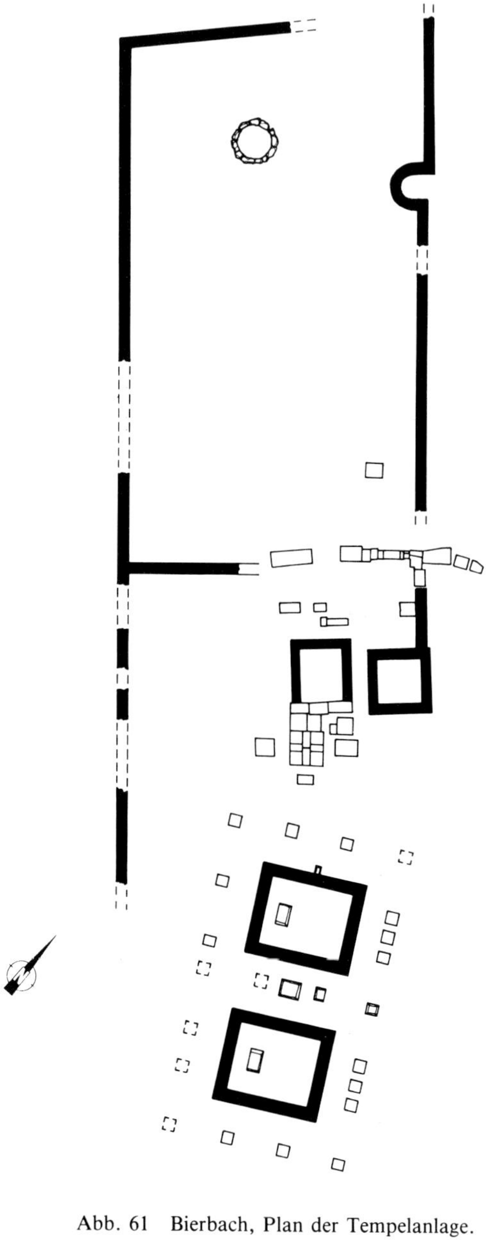

Abb. 61 Bierbach, Plan der Tempelanlage.

Der Tempelbezirk von Bierbach

Bei Forstarbeiten kamen im Jahre 1927 im Bierbacher Klosterwald, nordwestlich von Schwarzenacker auf einer Waldterrasse des Rödersberges, zahlreiche Scherben zum Vorschein. Die daraufhin vom Konservatoramt Saarbrücken durchgeführten Ausgrabungen legten weite Bereiche eines gallo-römischen Tempelbezirkes frei.

Den Kultbezirk umgrenzte eine Temenosmauer, die sich über eine Länge von 60 m verfolgen ließ. Innerhalb der Einfriedung wurden verschiedene bauliche Anlagen festgestellt, von denen zwei zu einem Doppeltempel mit einem gemeinsamen Umgang gehörten. Beide Tempel waren als 5,80 m lange und 4,90 m breite Cella erbaut. Der verbindende Umgang ruhte wahrscheinlich auf hölzernen Stützen, deren steinerne Fundamentsockel sich noch vorfanden. Die Eingänge lagen im Nordosten. Ihnen gegenüber stand jeweils an der Hinterwand ein Postament für eine Kultfigur. Allem Anschein nach war es Merkur, der hier als Hauptgottheit verehrt wurde. Eine fast lebensgroße Steinplastik des Gottes entdeckte man im Außenbereich des Tempels. Die Auffindung eines weiblichen Kopfes läßt vermuten, daß die Gefährtin des Merkur, die Göttin Rosmerta, im Heiligtum angebetet wurde. Bruchstücke von weiteren Merkurstatuen sind aus dem übrigen Tempelbezirk bekannt. Eine Votivinschrift, die ehemals an einem Weihealtar angebracht war, nennt ihn beim Namen: DEO MERCVRIO SOLINVS SATVRNINI EX VOTO (Gott Merkur, dem Einzigen, von Saturninus geweiht).

Nördlich der Tempel fand sich ein aus Steinquadern errichtetes Podium. In der Nähe gefundene Skulpturenfragmente und Teile einer Säule zeigen, daß es wohl als Unterbau für eine Jupitergigantensäule diente.

In dem sich anschließenden Bereich des Tempelbezirkes, der durch eine Mauer von der eigentlichen Tempelanlage getrennt war, lag ein mit Steinen gesetzter Schacht von 1,80 m Durchmes-

Abb. 62 Bierbach, gallo-römischer Tempel während der Freilegung.

ser und 3 m Tiefe. Dabei dürfte es sich um einen Opferschacht handeln, wie er vielfach im Zusammenhang mit Kultanlagen der gallo-römischen Bevölkerung bekannt wurde. Die zahlreichen in und um den Schacht gefundenen Scherben von kleinen Henkelkrügen und Trinkbechern weisen auf besondere Trankopfer hin. Über die Datierung des Tempelbezirkes gibt insbesondere die große Anzahl der Münzen Aufschluß. Die älteste stammt von Kaiser Antoninus Pius, die jüngste von Valens. Demnach bestand das Heiligtum seit der Mitte des 2. Jahrhunderts n. Chr. und wurde gegen Ende des 4. Jahrhunderts aufgegeben. Der Grabungsbefund im südlichsten Tempel deutet jedoch auf einen Vorläuferbau aus Holz hin.

Literatur:

C. Klein, Der Tempelbezirk im Bierbacher Klosterwald. BDS 3, 1929, 17-28. — Ders., Der Tempelbezirk im Bierbacher Klosterwald. Germania 11, 1927, 121-127. — A. Kolling, Funde aus der Römerstadt Schwarzenacker und ihrer nahen Umgebung (Homburg 1971) 72f.

Franz-Josef Schumacher

Der Hügel von Wörschweiler

Westlich von Schwarzenacker jenseits der Blies erhebt sich der steile Abhang des Klosterberges. Auf seiner Höhe finden sich die Ruinen eines ehemaligen Zisterzienserklosters aus dem 12. Jahrhundert. Diesen vorgelagert liegt ein künstlich errichteter Hügel, der mit 45 m Durchmesser und einer Höhe von 8 m einen markanten Punkt auf der Anhöhe darstellt. Die Spitze des Hügels ist seit dem Ende des letzten Jahrhunderts abgeflacht und mit einem Sommerhaus überbaut. Schon in der Chronik des benachbarten Klosters wird er als „Gloria Romanorum" genannt und als Trümmerstätte einer römischen Befestigung betrachtet. Daneben wurde er gelegentlich als römischer Grabhügel angesprochen.
Um die Zeitstellung und bauliche Anlage des Hügels zu klären, erfolgte 1968 durch A. Kolling im Rahmen der Forschungen in Schwarzenacker eine Grabung, die sich infolge der Überbauung

Abb. 63 Wörschweiler, Klosterberg. Darstellung aus dem 18. Jahrhundert; auf dem Höhenrücken der „Römerhügel".

auf den Hügelrand beschränken mußte. Mehrere Suchschnitte brachten an der NO-Seite des Hügels eine Treppenanlage zum Vorschein. Sie zog sich auf mindestens 16 m Breite um den Hügel. Der unterste Trittstein in der Mitte der Treppe war mit einer Inschrift SAL (oder SAI) versehen. Anzeichen, daß der Hügel ein Grab bedeckte, fanden sich nicht. Hügel und Treppe dienten wahrscheinlich als Plattform für ein Bauwerk, wobei an einen Tempel zu denken ist.
Manches deutet darauf hin, daß der Hügel Teil einer größeren Anlage auf dem Klosterberg war. Bereits im 16. Jahrhundert wird von „abgöttischen" Bildern berichtet, die dort gefunden wurden. Ausgrabungen im Bereich des Klosters 1954-58 erbrachten weitere Bruchstücke von Weihedenkmälern.
Die Auswertung der Kleinfunde ergibt für den Hügel eine Datierung in die erste Hälfte des 3. Jahrhunderts n. Chr. Für seinen Aufbau wurde eine bereits vorhandene flache Geländekuppe genutzt.

Literatur:
A. Kolling, Der „Römerhügel" von Wörschweiler, Kr. St. Ingbert. BDS 16, 1969, 7-21.

Franz-Josef Schumacher

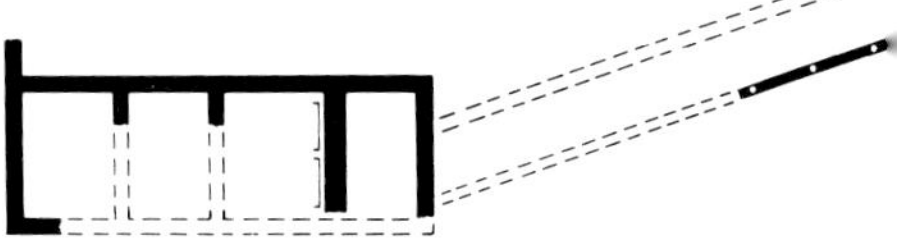

Die Villa von Bierbach

Zwei Kilometer südlich von Schwarzenacker stieß man 1924 bei Erdarbeiten nördlich des Dorfes Bierbach auf römisches Mauerwerk. Die Siedlungsstelle war schon seit längerem bekannt. So hatte bereits im Jahre 1809 der Archivar und Friedensrichter Franz Carl Dercum aus Blieskastel eine kleinere Schürfung veranstaltet, die Skulpturensteine eines Grabmonuments ans Tageslicht förderte. Diese Bilderquader und auch andere Teile des Grabmals gelangten 1864 aus dem Nachlaß des Friedensrichters nach Speyer. Skulpturen und Mauern wurden auch beim Bau der vorbeiführenden Eisenbahntrasse bekannt. Zwischen 1929 und 1931 führte der Konservator C. Klein umfangreiche Grabungen durch, in deren Verlauf eine größere Villenanlage aufgenommen wurde.

Abb. 64 Villa von Bierbach.

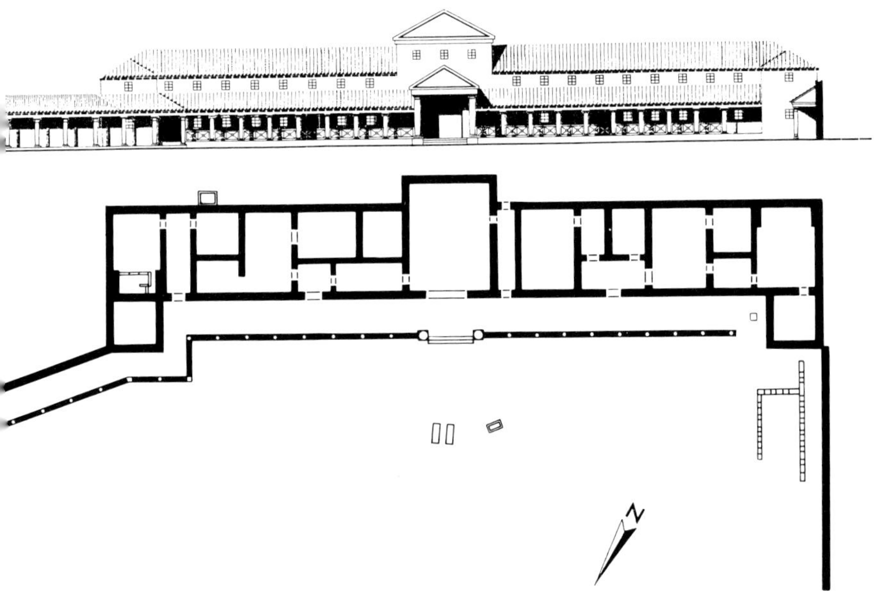

Zwar gingen die Planzeichnungen im letzten Krieg verloren, doch gelang A. Kolling anhand der in Speyer aufbewahrten Grabungstagebücher und Aufmessungen, den Grundrißplan zu rekonstruieren.
Die Villa lag auf einer rechtsseitigen Niederterrasse der Blies. Die 68 m lange Fassade des Hauptgebäudes war der Blies abgewandt und wurde durch seitliche Risalite betont. Zwischen diesen erstreckte sich ein verbindender Säulengang. Den Kern der Anlage bildete ein hoher Mittelsaal, dem ein 4 m breites Portal vorgelagert war. Von den Eckrisaliten gingen Wandelgänge ab und begrenzten einen großen Vorhof. Der nördliche Wandelgang schlöß mit einem Rechteckbau ab, der wohl als Wirtschaftsgebäude angesprochen werden kann. Ein Badetrakt wurde nicht festgestellt, doch ist aufgrund der Größe der Anlage mit einem gesonderten Badegebäude zu rechnen.
Im Vorhof gegenüber dem Säuleneingang erhob sich einst das prächtige Grabmonument, das bereits von F.C. Dercum in großen Teilen ergraben worden war. Nachdem durch Klein die Fundamente freigelegt und außerdem weitere Fragmente des Aufbaues sichergestellt wurden, rekonstruierte man das Grabmal im Historischen Museum der Pfalz. Landwirtschaftliche Nebengebäude der Villa ließen sich nicht nachweisen.
Sicherlich gehörte die Portikusvilla von Bierbach zu den luxeriöseren Anwesen. Wenn auch kleiner in ihren Ausmaßen, so ist sie doch in ihrer Anlage der Prachtvilla von Nennig vergleichbar. Nach den Scherbenfunden zu urteilen, stand die Villa bereits im frühen 2. Jahrhundert n. Chr. und wurde im Laufe des 4. Jahrhunderts aufgegeben. Spuren einer gewaltsamen Zerstörung fanden sich nicht.

Literatur:

A. Kolling, Römische Villen im Saarland, Folge II. Bierbach. BDS 15, 1968, 7-40. — H. Klumbach, Zum Aufbau des Grabmals von Bierbach. Bonner Jahrb. 158, 1958, 183-191. — F. Sprater, Ein römisches Grabmal von Bierbach-Saar (Speyer 1947).

Franz-Josef Schumacher

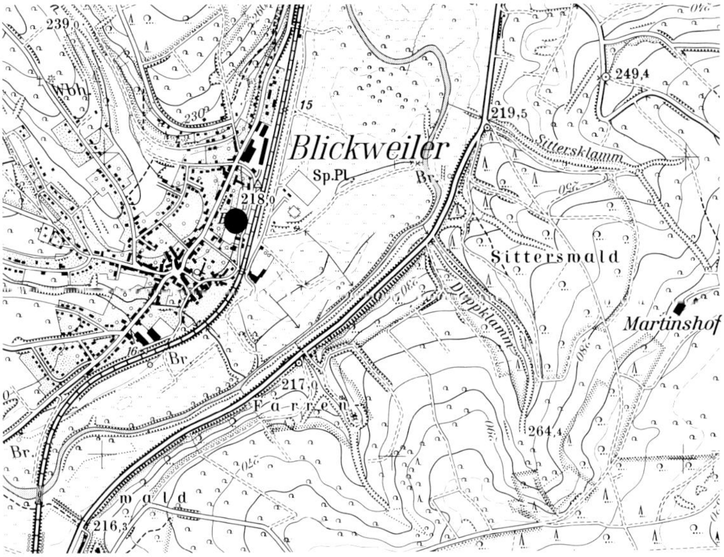

Die Töpferei von Blickweiler

Dem seit 1908 in Speyer tätigen ersten Konservator F. Sprater gelang 1912 inmitten des Ortes Blickweiler der Nachweis einer bedeutenden Töpferei aus römischer Zeit. Ein Formschüsselbruchstück mit der Fundortbezeichnung „Blickweiler" im Historischen Museum der Pfalz in Speyer hatte seine Aufmerksamkeit erregt. Die Fundstelle liegt im nördlichen Teil des Dorfes in der Flur „Etzel" nahe der Eisenbahnlinie. Eine kurzfristig angesetzte Grabung förderte eine größere Abfallgrube und Reste von zwei kleinen Öfen zutage. Wenige Wochen zuvor hatte Sprater bereits im nur einige Kilometer nördlich gelegenen Eschweilerhof (Kr. Neunkirchen) einen römischen Töpfereibetrieb ausgegraben. Beide Werkstätten waren auf die Herstellung von Terra Sigillata-Tonwaren spezialisiert.

Der moderne Begriff Terra Sigillata bezeichnet ein besonders feines, römisches Tafelgeschirr, das sich durch einen hochroten, glänzenden Überzug auszeichnet. Entwickelt wurde diese Keramik in den letzten Jahrzehnten des 1. Jahrhunderts v. Chr. in Italien und eroberte rasch den gallischen Markt. Aus Gründen des schnelleren und billigeren Vertriebes verlagerten sich im Laufe des 1. Jahrhunderts n. Chr. die Produktionszentren zunächst nach Südgallien, später nach Mittelgallien; seit Beginn des 2. Jahrhunderts n. Chr. arbeiteten Sigillata-Töpfer dann auch in Ostgallien. Die Aufnahme der Produktion in Blickweiler fällt in die Zeit um 120 n. Chr. Geb.; sie umfaßte hauptsächlich reliefverzierte Schüsseln, seltener glattes Geschirr wie Teller und Tassen. Während glatte Sigillata-Gefäße auf der Drehscheibe gefertigt wurden, war die Herstellung von Bilderschüsseln mit Hilfe einer Formschüssel ungleich schwieriger.
Die auf der Schüssel erscheinenden Verzierungen wurden mit Punzen in die Innenwand der gedrehten, noch ungebrannten Formschüssel eingedrückt. Nach dem Brand der Formschüssel wurde der feine Ton für das Sigillata-Gefäß in die Form hineingedrückt und auf der Töpferscheibe ausgedreht. Beim Trocknen schwindet das Gefäß soweit, daß man es aus der Form herausnehmen kann. Nach dem Überzug mit einem Tonschlicker und sorgfältigem Brand erhält die Keramik ihre rotleuchtende Oberfläche. Im Motivschatz der Reliefs finden sich Pflanzen-Ornamente, Götterbilder, Jagd- und Liebesszenen. Da jeder Töpfer seine bildlichen Darstellungen mit seinem Vorrat an Punzen individuell zusammenstellte und das Gefäß häufig mit seinem Namen stempelte, können die Erzeugnisse einzelnen Herstellern zugewiesen werden. Insgesamt sind uns aus Blickweiler 21 Meister bekannt, die Reliefgeschirr herstellten. Die namentlich bekanntesten sind SATTO, AVSTRVS, AVITVS, CAMBO, L.A.A. und L.A.L. Aus einer Abrechnung, die in einen der Blickweiler Scherben eingeritzt war, sind außerdem die Namen von fünf Arbeitern des Betriebes zu erfahren.
Die Blickweiler Werkstätten erlebten nur eine kurze wirtschaftliche Blüte. Mit dem Aufkommen der Manufakturen von Rheinza-

Abb. 65 Blickweiler, Formschüsseln für Terra Sigillata.

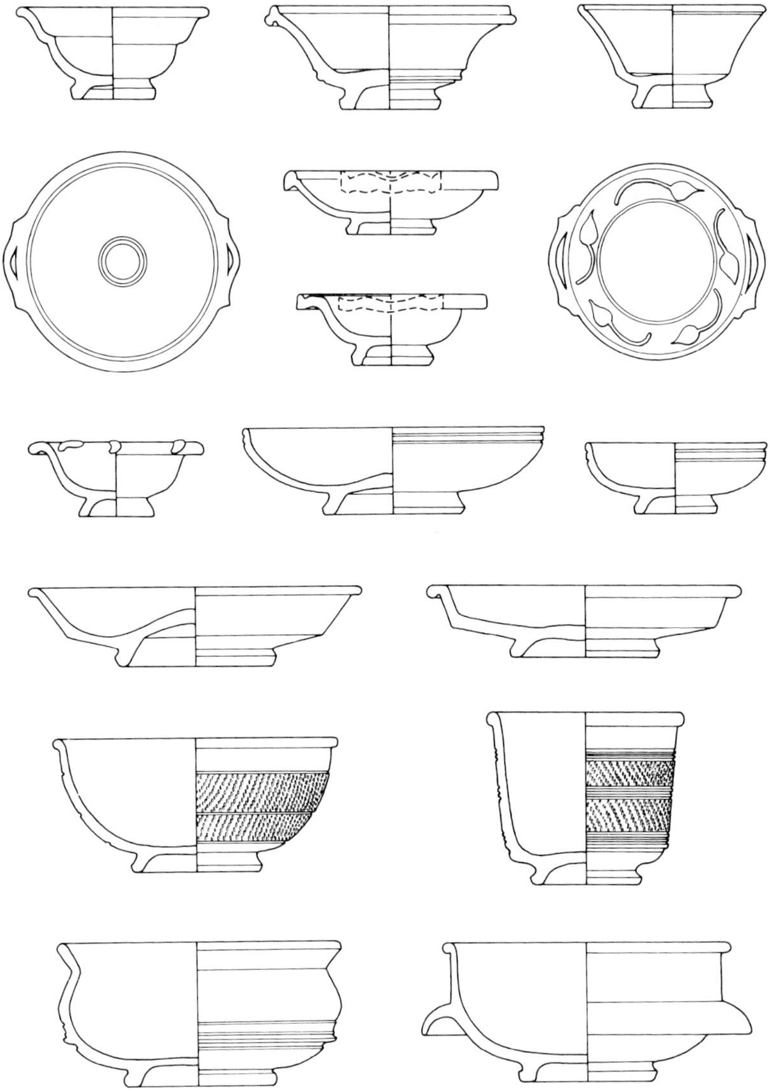

Abb. 66 Typentafel der Blickweiler Sigillata-Produktion.

bern um die Mitte des 2. Jahrhunderts n. Chr., die mit ihrer Massenproduktion an Terra Sigillata bald den Markt beherrschten, wurden sie schließlich aufgegeben.

Absatzgebiete der Blickweiler Erzeugnisse und des Tongeschirrs vom Eschweilerhof waren vor allem die Militärkastelle entlang des germanischen Limes. Die Verbreitung ihrer Töpfermarken, der figuralen und ornamentalen Motive bezeugt einen Vertrieb bis nach Britannien und in den Donauraum hinein.

Neben diesen spezialisierten Werkstätten, die eine besonders hochwertige Töpferware herstellten, versorgten zahlreiche einfache Töpfereien den lokalen Bedarf mit Gebrauchsgeschirr. Solche Betriebe sind im Saar-Pfalz-Kreis aus Schwarzenacker und dem benachbarten Schwarzenbach bekannt.

Literatur:
R. Knorr und F. Sprater, Die westpfälzischen Sigillata-Töpfereien von Blickweiler und Eschweiler Hof (Speyer 1927). — O. Roller, Die römischen Töpfereien von Blickweiler, Kr. St. Ingbert, und Eschweiler Hof, Gem. Kirkel-Neuhäusel, Kr. Homburg. Führer zu vor- und frühgeschichtlichen Denkmälern 5: Saarland (Mainz 1966) 134-138. — R. Schindler, Eine römische Töpferei in Homburg-Schwarzenbach. BDS 8, 1961, 54-65.

Franz-Josef Schumacher

Das römische Böckweiler

Das Dorfbild von Böckweiler wird geprägt von der weithin bekannten romanischen Stefanskirche. Schwere Kriegszerstörungen ermöglichten umfangreiche Untersuchungen, die neue Erkenntnisse zur Baugeschichte lieferten. Dabei stieß man im Jahre 1941 auf römisches Mauerwerk.

Die Grabungen des Staatlichen Konservatoramtes unter und neben der Kirche führten zur Freilegung einer weitläufigen römerzeitlichen Hausanlage. Die Fundamente bedeckten eine Fläche

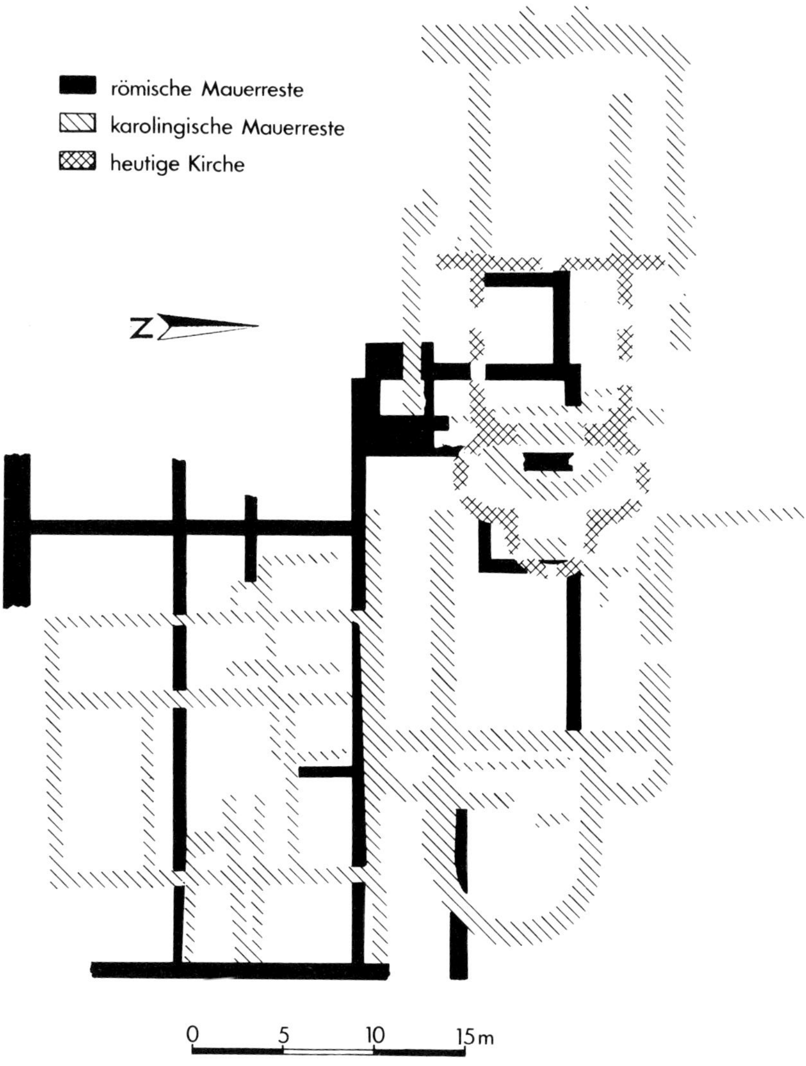

Abb. 67 Böckweiler, Grundrißplan.

von 40 x 32 Metern, die nach allen Seiten über den heutigen Kirchenkomplex hinausreicht. Das aufgedeckte Areal genügte nicht, um den Grundriß des Gebäudes auch nur annähernd vollständig zu erfassen. Einzelheiten zur Konstruktion der Bauteile sind uns leider nicht überliefert. Scheinbar beschränkten sich die Ausgrabungen auf die Freilegung der bis zu 2 Meter starken Grundmauern ohne eine systematische Aufdeckung der dazwischenliegenden Areale. Zu bedauern ist aber vor allem, daß sämtliche Aufzeichnungen 1944 beim Museumsbrand in Saarbrücken verlorengingen. Der bereits früher gemachte Fund eines Beckens und einer Wasserleitung, beides gemauert, deutet auf eine Badeanlage. Alle Anzeichen sprechen demnach für einen ausgedehnten römischen Gutshof-Komplex, eine villa rustica, die hier unterhalb eines Quellhorizontes errichtet wurde.

Abb. 68 Stefanskirche in Böckweiler.

Während einer Nachgrabung 1949/50 durch den damaligen Landeskonservator J. Keller wurden Gebäudereste nördlich der Kirche untersucht, die zu einem Wirtschaftsgebäude des Gutshofs gehörten. Drei hintereinanderliegende Räume bildeten einen N-S ausgerichteten Wohntrakt, dem sich im Westen ein kleiner, im Osten eine großer Hof anschloß, die beide jeweils von einer Mauer umgeben waren. Zwischen den Wohnräumen führte eine aus Steinplatten gesetzte Treppe zu einem Kellerraum, in dessen Mitte ein 1,5 Meter hoher, aus rotem Sandstein gearbeiteter Steintisch stand. Durch den Verlust der Kleinfunde aus dem Villenbereich bei der Zerstörung des Archivs in Saarbrücken ist eine exakte zeitliche Einordnung schwierig. Gesichert scheint lediglich, daß die Bebauung bereits im 1. Jahrhundert n. Chr. einsetzte. Für den Wirtschaftshof erlauben die Funde eine späte Datierung vom ausgehenden 3. Jahrhundert bis zum Ende des 4. Jahrhunderts n. Chr. Offenbar handelt es sich hier um ein erst in späterer Zeit errichtetes Nebengebäude; die zunächst kleinere Gutsanlage scheint demnach noch nachträglich erweitert worden zu sein.
Auf den Trümmern der zerfallenen Villa errichteten im 9. Jahrhundert n. Chr. Mönche unter Verwendung der römischen Baumaterialien eine dreischiffige Kirche mit Rundapside und angebautem, kleinen Kloster. Im 11. Jahrhundert dann entstand auf neuen Fundamenten eine wesentlich kleinere, ebenfalls dreischiffige Kirche mit einfachem, halbrund geschlossenem Chor, der im 12. Jahrhundert zu dem heute noch stehenden Triconchos-Bau umgestaltet wurde. In den folgenden Jahrhunderten veränderten zahlreiche Umbauten das Gesicht der Kirche, bis sie nach der Zerstörung im 2. Weltkrieg in ihrer romanischen Gestalt wieder aufgebaut wurde.

Literatur:

A. Kolling, Archäologische Untersuchungen zur römerzeitlichen Besiedlung von Böckweiler, Kreis Homburg-Saar. BDS 8, 1961, 80-104. — Ders., Das römische und mittelalterliche Böckweiler. Führer zu vor- und frühgeschichtlichen Denkmälern 5: Saarland (Mainz 1966) 139-144.

Franz-Josef Schumacher

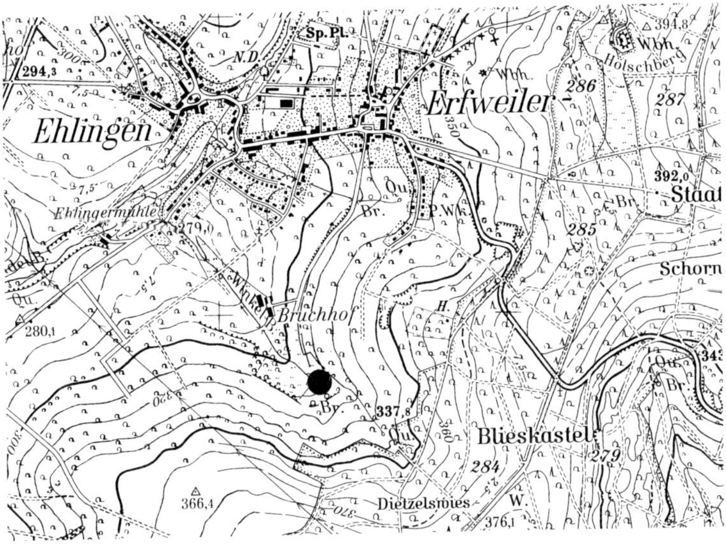

Die Villenanlagen von Erfweiler-Ehlingen

Aufgrund der klimatisch und geographisch günstigen Lage gehörte der Bliesgau — und damit in besonderem Maße auch das Mandelbachtal — zu den von den Römern bevorzugt aufgesiedelten Landstrichen. Allein in den Gemarkungen Erfweiler und Wittersheim wurden bis heute mehr als 10 römische Siedlungsstellen entdeckt. Bereits im letzten Jahrhundert stießen die Bewohner von Erfweiler auf bedeutende Reste einer größeren Villa mit Hypokaustanlage und farbigen Wandmalereien im Bereich ihrer Dorfkirche, was sie zu eigenen Ausgrabungsaktivitäten veranlaßte. So hatte auch schon außerhalb Erfweilers im Jahre 1880 der damalige Pfarrer Rütter ein isoliert stehendes Badegebäude freigelegt. Seither vermutete man in dessen Umgebung eine dazugehörige Wohnanlage, deren Nachweis jedoch jahrzehntelang nicht erbracht werden konnte. Erst eine Luftaufnahme aus dem Jahre 1953 brachte

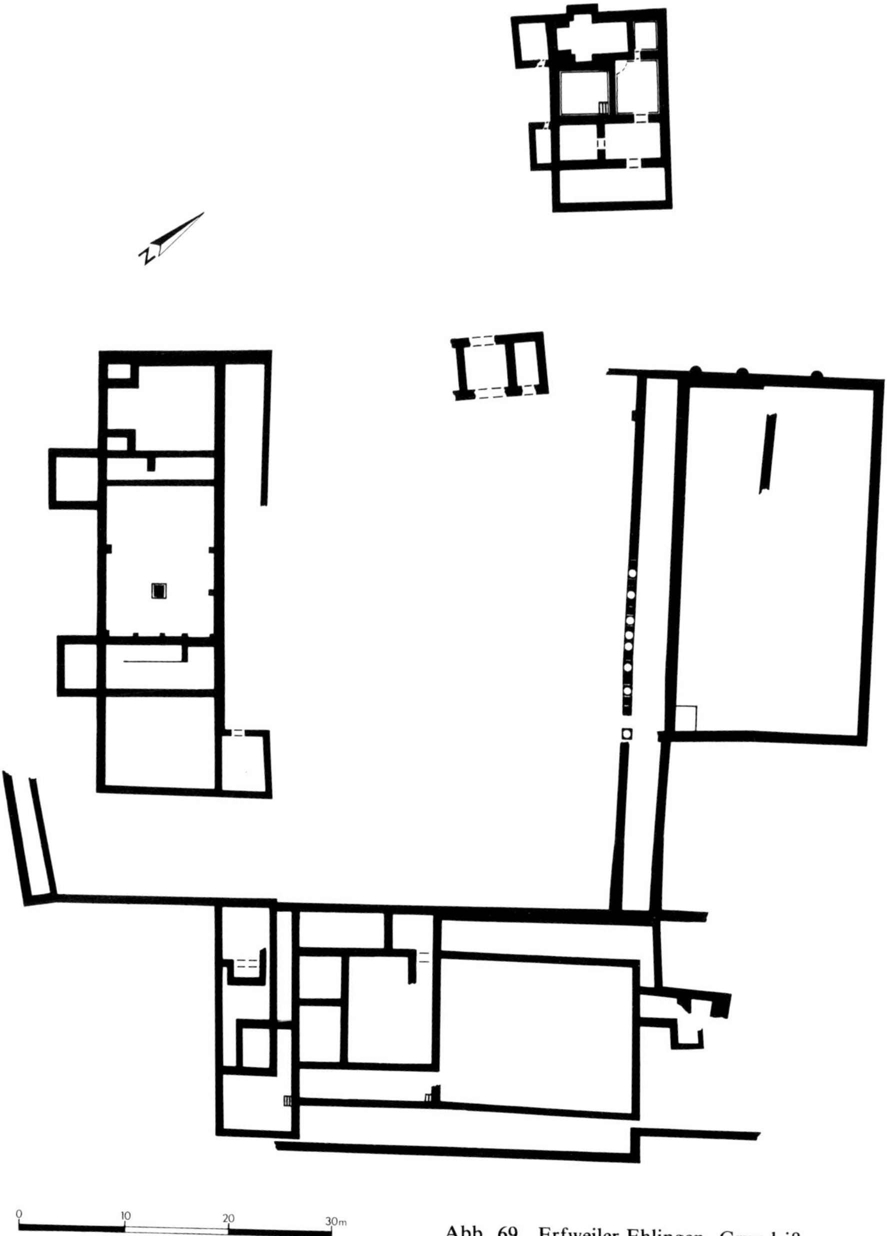

Abb. 69 Erfweiler-Ehlingen, Grundriß.

dann die ersten Hinweise auf Lage und Ausdehnung eines Anwesens. Zwischen 1979 und 1981 folgten mehrere Grabungskampagnen unter Leitung des Kreisheimatpflegers H. Spies in Zusammenarbeit mit dem Staatl. Konservatoramt Saarbrücken, in deren Verlauf die Fundamente einer größeren Villenanlage aufgedeckt wurden. Die Fundstelle liegt in einem Seitental des Mandelbaches in der Flur „In Retzacker".

Der Villenkomplex mit dem Grundriß eines nach Nordwesten hin geöffneten Vierecks hatte eine Flächenausdehnung von 115 x 90 Metern. Es ließen sich verschiedene Bauperioden feststellen. Von der ältesten Bauphase im nördlichen Gebäudeteil war nur noch wenig nachweisbar, da schon früh vollständig eingeebnet und aufgefüllt. Im 2. Jahrhundert entstand dann über den alten Fundamenten um einen großen Innenhof herum gruppiert ein rechteckiges Anwesen, bestehend aus mindestens zwei größeren Baukomplexen, einem im Norden, der andere im Süden gelegen, wobei im Südwesten eine spätere Überbauung den Grabungsbefund stört. Dem nördlichen Gebäude war in einem Abstand von 3 Metern

Abb. 70 Erfweiler-Ehlingen, während der Ausgrabung.

eine beachtliche Portikusanlage vorgelagert, die auf Sandsteinfundamenten ruhte. Der Innenhof öffnete sich nach NW. In der zweiten Hälfte des 3. Jahrhunderts dann, wahrscheinlich im Zusammenhang mit den Germaneneinfällen der Jahre 275/76 n. Chr., wurde das Anwesen zerstört.
Noch im selben Jahrhundert erfolgte der Wiederaufbau, wobei besonders im Bereich des südöstlichen Hauptgebäudes neue Gebäudeteile entstanden. Auch wurde die Portikusanlage vor dem anderen großen Gebäude im Norden aufgegeben. Neu entstand in dieser Bauperiode das eingangs erwähnte Badehaus, 14 Meter unterhalb des eigentlichen Gutes gelegen. Von seinen sieben Räumen waren zwei mit Hypokaust und Heizkammer versehen. Auf den Ziegelestrichböden mancher Räume lagen Kalkplatten, die Wände trugen Wandverputz mit Kassetten-Malerei.
Um die Wende vom dritten zum vierten Jahrhundert wurden Bad und Villa erneut zerstört.
In der vierten Bauphase zu Beginn des 4. Jahrhunderts entstand im südwestlichen Teil des ehemaligen Innenhofes ein neues, unabhängiges Bauwerk, terrassenartig in den Hang hineingebaut. Die Frontseite, durch zwei Risalite betont, öffnete sich nach Südwest. Den Kern der Anlage bildete ein großer, zentraler Saal. Die Mauern waren mit gleichgroß gearbeiteten Kalksteinen verblendet und mit einem roten Fugenstrich versehen.
Noch ungeklärt sind Funktion und Zeitstellung eines kleinen Bauwerks mit zwei Räumen an der nordwestlichen Begrenzung des Innenhofs, dessen Eingänge dem Haupthaus der Hofanlage gegenüberliegen. Vielleicht haben wir hier eine Kultstätte der Bewohner dieser Villenanlage vor uns.
Kurz nach 400 n. Chr. wurde dieser Siedlungsplatz nach einer erneuten Zerstörung und Plünderung endgültig aufgegeben.

Literatur:

H. Spies, Kurzer Vorbericht über die Ausgrabung eines römischen Gutshofes auf der Gemarkung Erfweiler-Ehlingen. Saarpfalz, Blätter für Geschichte und Volkskunde 4, 1985/1, 6-16.

Franz-Josef Schumacher

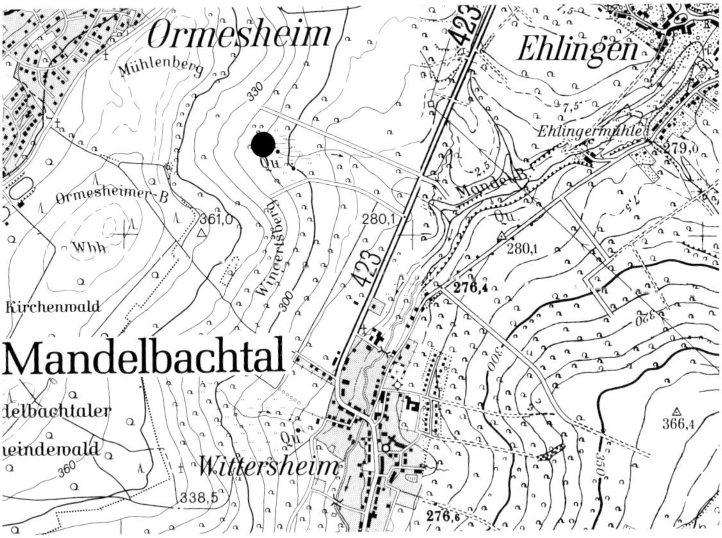

Der römische Gutshof von Wittersheim

Bereits im vorigen Jahrhundert wurde nur vier Kilometer westlich der römischen Villenanlagen in Erfweiler ein weiterer Siedlungskomplex aus jener Zeit angeschnitten. Ein deutlich sichtbarer Schuttkegel oberhalb einer rechtsseitigen Senke des Mandelbachtals erweckte das Interesse des damaligen ehrenamtlichen Konservators L. Grünewald aus Speyer, der im Jahre 1899 eine Grabung des Historischen Vereins der Pfalz durchführte.

Die Siedlungsstelle liegt unmittelbar neben einer Quelle nördlich des Ortes Wittersheim in der Flur „Obere Tattenbach". In der aufgedeckten Fläche von 40 x 20 Metern traten die Überreste eines größeren Villenbaus zutage. Freigelegt wurden in NW-SO-Ausdehnung mehrere Räume, von denen die südöstlich gelegenen den Badetrakt der Anlage bildeten. Zwei Räume waren mit Hypokaust und vorgesetztem, halbrundem Präfurnium versehen.

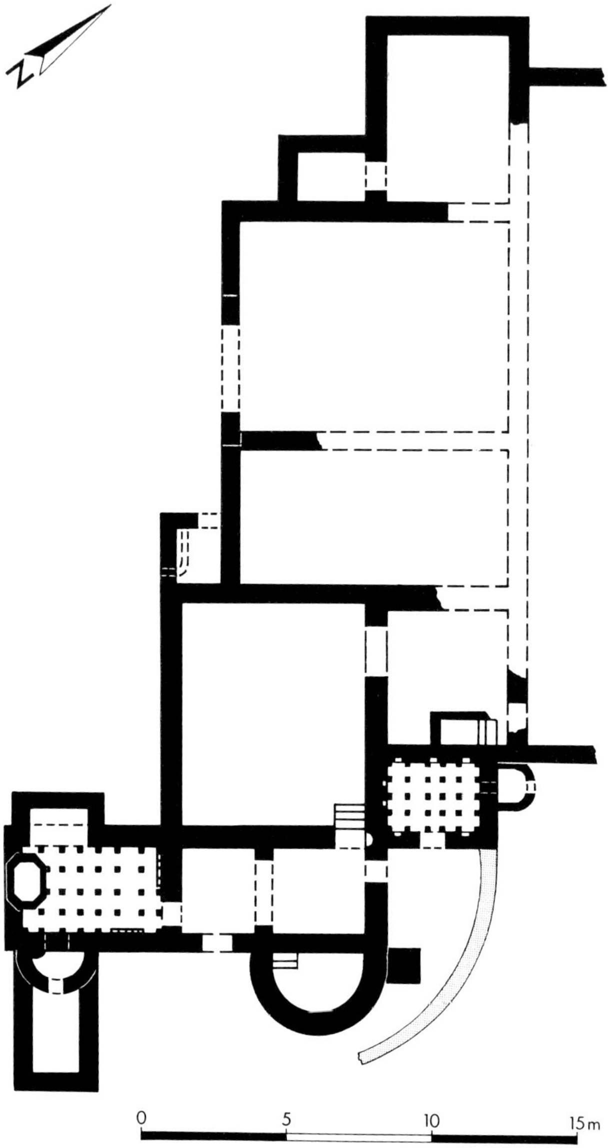

Abb. 71 Wittersheim, Grundriß des römischen Gutshofes.

Der östlich gelegene apsidenartige Raum stellte das Kaltbad dar. Farbiger Wandputz fand sich in den Innenräumen des Bade- und anschließenden Wohntraktes. Den Wohnbereich, von dem lediglich 4 unterschiedlich große Räume freigelegt wurden, betraten die Bewohner an der Südseite durch ein 3 Meter breites Tor. Größe und Ausdehnung der gesamten Anlage konnten lediglich für den Südteil erfaßt werden, während die nördlichen Gebäudeteile nicht ergraben wurden. Die nur geringe Anzahl von Kleinfunden, aber auch einige Münzen bezeugen die Anwesenheit der Bewohner von der zweiten Hälfte des 3. bis zum Ende des 4. Jahrhunderts.
Angeregt durch die Nachricht, daß beim Pflügen im Bereich der Villa altes Mauerwerk zerstört werde, unternahm der Kreisheimatpfleger H. Spies in Absprache mit dem Konservatoramt in Saarbrücken 1978 eine Nachgrabung. Sie erschloß in 50 Metern Entfernung den Grundriß eines kleinen Nebengebäudes. Es bestand aus drei Räumen, denen später noch an der Südwestseite ein vierter angebaut wurde. Im Hauptraum befand sich eine Herdstelle. Funde datieren die Bewohnung dieses Nebengebäudes ins 3. nachchristliche Jahrhundert. Sie dauert wie die der Villa bis zur Zerstörung gegen Ende des 4. Jahrhunderts an.

Literatur:
L. Grünewald, Beiträge zur Urgeschichte der Pfalz. II. Museumsbericht über die Jahre 1899 bis 1901. Mitt. Hist. Ver. Pfalz 25, 1901, 78-84. — H. Spies, Ein Annexbau der römischen Villa auf der Wittersheimer Gemarkung. Saarpfalz, Blätter für Geschichte und Volkskunde 1, 1983/1, 7-17.

Franz-Josef Schumacher

Die Villa auf dem „Heidenhübel" bei Reinheim

Reinheim liegt im Süden des Bliesgaus an der saarländisch-lothringischen Grenze im Tal der Blies, das hier von Muschelkalkrücken gesäumt wird und so eine kleine Siedlungskammer bildet. Wegen seines fruchtbaren Bodens und seines Reichtums an frischem Quellwasser war dieser Raum zum Siedeln stets begehrt. Das gilt auch für die gallo-römische Zeit, wie zahlreiche Reste von Steinbauten und Funde aller Art belegen. Sie stammen u.a. vom Homerich, einer freistehenden Geländekuppe östlich der Blies, oder dem Horres, einer sanften Erhebung zwischen Reinheim und Gersheim.

Besondere Beachtung haben die Reste einer großen Anlage auf dem Heidenhübel gefunden, einer vielleicht künstlichen Anhöhe mit mehr als 75 m Durchmesser und knapp 3 m Höhe auf dem südlichen Bliesufer. Sie liegt unweit des ehemaligen Katzenbuckels, bei dessen Abtragung 1954 das reich ausgestattete Grab einer keltischen „Fürstin" geborgen wurde. Da die Anhöhe nach jedem Pflügen von Mauersteinen und Dachziegelbruchstücken übersät war, wurden hier bereits im 19. Jahrhundert Ausgrabungen durchgeführt. Dabei traten Teile eines großen Gebäudes mit einem beheizbaren Raum, dazu Keller und ein Badehaus zutage. Der Komplex soll über eine Wasserleitung mit Quellen nahe der Dorfkirche auf der nördlichen Seite der Blies verbunden gewesen sein, die heute noch genutzt werden. Eine für gallo-römisch gehaltene Einfassung der Quellen wurde um 1900 tief unter der modernen Brunnenfassung entdeckt.

Über die Blies mag schon in sehr alter Zeit eine Brücke geführt haben, wie die Lage der modernen Straße von Bliesbruck nach Reinheim auf der alten römischen Straße andeutet. Im 19. Jahrhundert noch bekannte Mauerreste in der Blies konnten allerdings bislang noch nicht wiedergefunden werden. Im Bliesknie ist der Fluß über eine Furt zu passieren. Sie ist wohl nicht mit Steinplatten belegt,

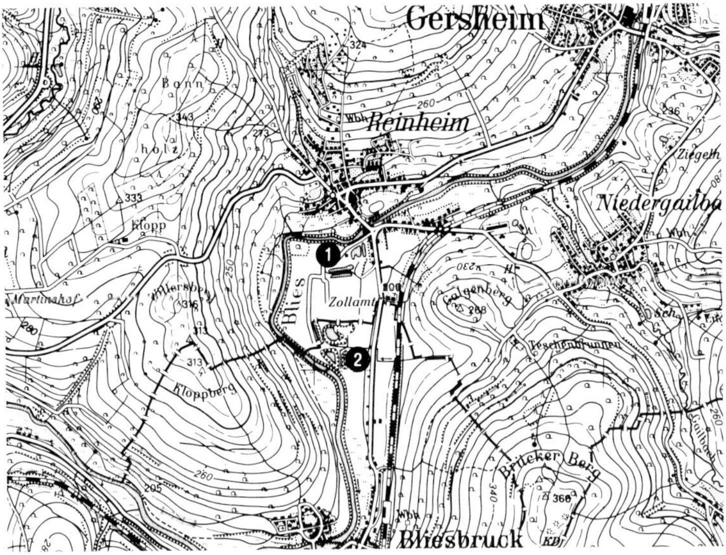

1 Reinheim, Villa auf dem „Heidenhübel''; 2 Vicus von Bliesbruck.

wie es die Überlieferung wissen will. Vermutlich ist hier eine Bank mit plattig geschichtetem Kalkstein vom Wasser des Flusses freigespült worden.

Aus der unmittelbaren Umgebung des Heidenhübels und vermutlich vom unteren Hang des Niederbergs westlich der Blies stammen steinerne Behälter, in denen durch Tongefäße geschützte Leichenbrandurnen aus Glas gestanden haben. Diese gallo-römischen Brandgräber sind nur durch Zufall nach heftigen Regenfällen bzw. Überschwemmungen der Blies gefunden worden.

Nach den alten Nachrichten soll 1806 auf dem Heidenhübel oder in seiner unmittelbaren Umgebung, dem Allmend, ein Tempel mit einer bronzenen Statuette der Venus ausgegraben worden sein. Die Akten des Museums in Speyer, zu dessen Sammlungsbereich Reinheim früher gehörte, geben keine klare Auskunft darüber, ob die Angaben zu der Statuette richtig sind oder ob hier tatsächlich eine Verwechslung mit einer Steinfigur Fortuna mit Füllhorn vorliegt, wie es die jüngere Forschung glaubt.

Zu den bekanntesten Funden aus Reinheim zählt neben der Fortuna eine bronzene Figur Amors, der auf einem Panther reitet. Beide Objekte werden im Museum in Speyer aufbewahrt.
Die Reste des Gebäudekomplexes auf dem Heidenhübel sind durch die verschiedenen Ausgrabungen des 19. Jahrhunderts und vor allem durch die Ausbeutung der Ruine als Steinbruch sowie durch ständiges Überpflügen akut gefährdet gewesen. Nachdem durch das Staatliche Konservatoramt des Saarlandes bereits vor einigen Jahren ein kleineres Gebäude auf dem südöstlichen Ausläufer des Heidenhübels untersucht worden ist, wurde im Sommer 1987 mit einer planmäßigen Ausgrabung der gesamten Anlage begonnen. Die besondere Bedeutung der Fundstelle liegt nicht zuletzt darin, daß die gallo-römischen Fundschichten weder im Mittelalter noch in der Neuzeit jemals wieder überbaut wurden und sie damit in ihrer Struktur trotz aller rezenten Eingriffe noch weitgehend erhalten sind. Die Anlage auf dem Heidenhübel gehört zu dem gallo-römischen Vicus, von dem jenseits der deutsch-französischen Grenze bei Bliesbruck bereits seit 1972 größere Bereiche untersucht worden sind. Sie ist seinem nördlichen Ende unmittelbar vorgelagert.
Die neuesten Ausgrabungen haben auf der östlichen Hälfte des Heidenhübels mit der Freilegung des großen Gebäudes begonnen, von dem Teile schon aus den alten Unterlagen bekannt gewesen sind. Seine ursprünglichen Ausmaße können noch nicht angegeben werden. Nach dem derzeitigen Untersuchungsstand gehört es mit seiner Grundfläche von weit mehr als 60 x 60 m schon jetzt zu den größten gallo-römischen Gebäuden, die im Saarland bislang freigelegt worden sind. In einigen Räumen waren die Fußböden noch weitgehend unbeschädigt. Sie bestehen entweder aus Lehm oder aus Kalkmörtel, dem Ziegelgrus und Kies beigeschlagen sind. Von der vielfarbigen Bemalung, die die Wände einzelner Räume getragen haben, sind Reste erhalten. Teile von Säulen aus Buntsandstein stammen von den Einfassungen der Maueröffnungen. Der Nordfassade des Gebäudes ist ein großes Becken aus Kalksteinplatten vorgelagert. Im Boden stehende eiserne Ringe, mit denen heute nicht mehr erhaltene Holzrohre verbunden wa-

Abb. 72 Reinheim, Fortuna mit Füllhorn.

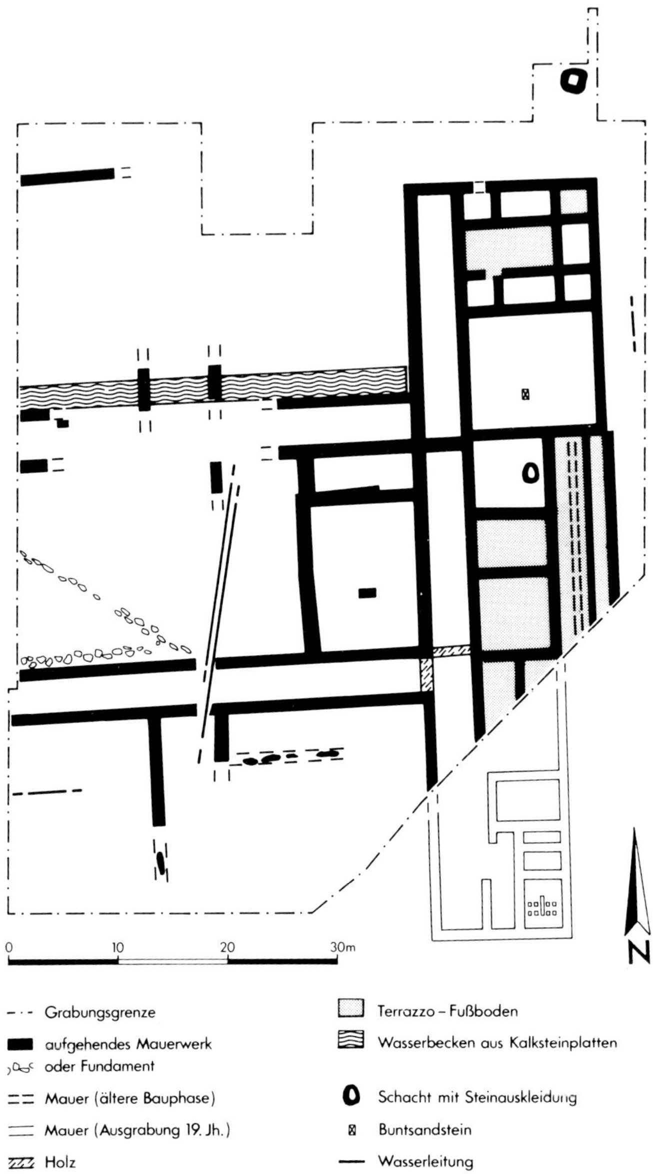

Abb. 73 Reinheim, Villa auf dem „Heidenhübel“ (Stand 1988).

ren, zeigen den Verlauf mehrerer Wasserleitungen an. Reste von zahlreichen Tongefäßen unterschiedlicher Art und Qualität, von Gegenständen aus verschiedenen Metallen, Stein oder Knochen zusammen mit einer kleinen Anzahl von Münzen sind Zeugen des täglichen Lebens in diesem großen Gebäude.
Die Funde stammen aus dem 1.-4. Jahrhundert nach Christi Geburt. Wie in dieser langen Zeit die zum Teil bereits erkennbaren baulichen Veränderungen aufeinanderfolgen, läßt sich im einzelnen noch nicht nachvollziehen.

Literatur:
J. Keller, Das keltische Fürstengrab von Reinheim I: Ausgrabungsbericht und Katalog der Funde (Mainz 1965) 4-10.

Erwin Strahl

Der Vicus von Bliesbruck

Bliesbruck im Département Moselle, 9,5 km von Saargemünd entfernt, ist schon seit langem durch seine zahlreichen archäologischen Funde bekannt. Die Spuren aus gallo-römischer Zeit erstrecken sich vom nördlichen Dorfrand in Richtung Grenze beidseits der Straße Bliesbruck-Reinheim. Die Anziehungskraft des Platzes beruht auf seiner natürlichen Lage in dem sich hier ausweitenden, alluvialen, von sandigen Terrassen gegliederten Tal der Blies, die in der Antike wahrscheinlich schiffbar war. Kalksteine, die man zum Bau der Häuser benutzte, sind überall im Bereich des Fundplatzes in reichlicher Menge anzutreffen; sie gaben der Gemarkung den Namen „Steinfelder".
Dank zahlreicher Oberflächenfunde (Münzen, Bronzestatuetten usw.) war der Ort schon im vorigen Jahrhundert bekannt. Noch um 1850 waren Spuren einer steinernen „Römerbrücke" vorhan-

den, doch findet sich in der alten Beschreibung bedauerlicherweise keine exakte Lokalisierung. Trotz intensiver Suche, auch unter Wasser, konnte sie bis heute noch nicht nachgewiesen werden.
Die seit 1978 kontinuierlich durchgeführten Untersuchungen bezeugen zusammen mit den alten Funden eine bedeutende Ansiedlung, die zwischen dem 1. und dem 3. Jahrhundert n. Chr. bewohnt war. Sie besaß städtische Merkmale und bedeckte ein ausgedehntes Areal von mehreren Dutzend Hektar. Die Hauptachse der alten Siedlung verläuft entlang der heutigen Landstraße, die der alten Straßenführung gefolgt ist. Den Ortskern bestimmt ein orthogonales Straßensystem, ohne daß man jedoch von einem für römische Städte typischen quadratischen Aufbau sprechen kann. Neben dieser Hauptstraße sind noch zwei weitere bekannt. In einer zeitlich sehr befristeten Notgrabung (in nur 2 Tagen!) wurde eine dieser Straßen im Bereich des neu erschlossenen Wohngebietes am äußersten Nordrand Bliesbrucks aufgedeckt. Rechtwinklig zur Hauptachse hatte sie eine Breite von 7 Metern und war von einem Abwasserkanal aus großen Kalksteinplatten flankiert. Die Straße bestand aus mehreren Kalkgeröll- und Kiesschüttungen. Im gleichen Sektor wurden große Gebäude von fast monumentalen Ausmaßen mit Portikus aufgedeckt. Größere Flächen des zentralen Siedlungskerns sind inzwischen dank neuerer Grabungen gut bekannt. Es handelt sich um ein Handwerker- und Händlerviertel entlang der Hauptachse, um einen Kultbereich, bestehend aus zahlreichen Opfergruben und -schächten sowie um einen Thermalbereich, der zweifellos mit dem Kultareal in Beziehung stand.

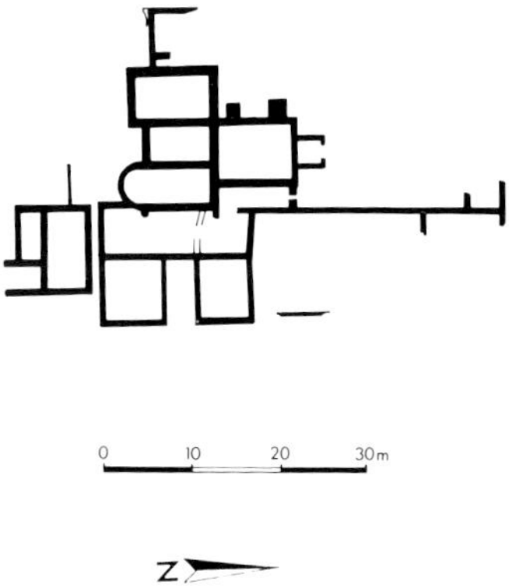

Abb. 74
Vicus von Bliesbruck
(Stand 1987).

Um den zentralen Siedlungskern herum befinden sich eine Reihe isolierter Fundstellen, darunter auch Bestattungsplätze, wie schon Fundnachrichten aus dem letzten Jahrhundert bezeugen. Eines dieser Bauwerke, zweifellos eine bedeutende Villa, wird gegenwärtig auf der saarländischen Seite ausgegraben. Ihre Orientierung entspricht jener der Gebäude im Siedlungskern, ein weiterer Hinweis auf den städtischen Charakter dieser Gesamtanlage, denn die Villa liegt immerhin bald 800 Meter entfernt.
Entstanden gegen die Mitte des 1. Jahrhunderts n. Chr. wuchs dieser Marktflecken stetig an, um seine größte Ausdehnung im 3. Jahrhundert n. Chr. zu erreichen, als er, wie die gesamte Region, den germanischen Invasionen zwischen den Jahren 250 bis 280 n. Chr. zum Opfer fiel. Noch einmal dann im Laufe des 4. Jahrhunderts bewohnt, wird er dann nach und nach verlassen, bis sich schließlich der neue merowingische Bevölkerungskern herausbildet. Ein Teil der Ruinen war noch im 15. Jahrhundert sichtbar. Tatsächlich wurden zu jener Zeit die Reste des damaligen Ther-

malbereiches aus nicht näher bekannten Gründen wiederbenutzt. Die Reihe der Bauwerke, die entlang der Nord-Süd verlaufenden Straße errichtet worden sind, gehören zu einem Handwerker- und Händlerviertel, das im 2. und in der ersten Hälfte des 3. Jahrhunderts n. Chr. in Benutzung war. Dieses Viertel umfaßt heute 14 verschiedene Gebäude, die sich in zwei Gruppen gliedern lassen. Die nördliche umfaßt 7 aus Kalkstein errichtete „Reihenhäuser". Einer jeweils 3,40 m breiten Fassade ist ein Portikus vorgesetzt, der von schweren rechteckigen Pfeilern begrenzt wird. Der Grundriß wiederholt sich bei jedem Gebäude: An einen rechteckigen, manchmal unterkellerten Raum schließt sich nach hinten ein großer Hof an, auf dessen Stampflehmboden Öfen oder Herdstellen gefunden wurden. Hier wurde gekocht und gebacken sowie Eisen und Bronze hergestellt und verarbeitet. Im hinteren Teil verfügten die Häuser über Wohnräume, die mit Hypokaustheizung oder einem Terrazzoboden versehen waren. Diese Räume wie auch die kleinen Vorbauten, die den Portikus an einigen Stellen abschließen, sind spätere Erweiterungen des 3. Jahrhunderts.
Die Fassade der südlich anschließenden 7 Gebäude ist mehr zur Straße vorgezogen. Die beiden ersten Häuser sind wie jene im Nordabschnitt gemauert und aneinandergebaut. Die übrigen Gebäude sind aus vergänglichem Material gebaut: große Kalksteinblöcke bildeten das Fundament vermutlich einer Fachwerkkonstruktion. Schmale Durchgänge trennen die Bauten voneinander. Der Grundriß wiederholt sich bei jedem Gebäude. Er besteht aus einem großen Rechteckraum, der sich zu einem an die gepflasterte Straße grenzenden Portikus öffnet. Dieser Portikus ist viel leichter gebaut als im nördlichen Teil; es handelt sich hier um einfache Holzsäulen, die auf großen Kalkstein- oder Sandsteinblöcken aufgesetzt sind. Zur rückwärtigen Front hin wurden diese Gebäude im 3. Jahrhundert durch unterkellerte oder mit Hypokaustheizung versehene Wohnräume ebenfalls erweitert. Wenn auch die Bestimmung dieser Häuser nicht ganz eindeutig ist, so dürfen wir doch eine handwerkliche oder kaufmännische Nutzung annehmen. Zu sehen ist demnach die letzte Bauphase des Wohnviertels, das bereits zur Mitte des 1. Jahrhunderts n. Chr. bestanden hat,

Abb. 75 Bliesbruck, Fibeln und Keramik.

Abb. 76 Bliesbruck, konservierter Siedlungsbereich.

Abb. 77 Bliesbruck, rekonstruierter Backofen.

wie uns Spuren früherer Bauphasen, die während der Ausgrabung dokumentiert werden konnten, beweisen.
Der Kultbereich befindet sich in einer Senke zwischen dem Handwerkerviertel und der Blies. Er besteht aus mehreren Hundert Gruben, von denen 110 ausgegraben wurden, und 200 bis 300 gemauerten Schächten, von denen 40 genauer untersucht werden konnten. Zu diesem Bereich gehört außerdem eine große mit Steinen gepflasterte Fläche, ein Portikusbau und ein Gebäude mit Wasserbecken. Die Gruben tauchen erstmals um die Mitte des 1. Jahrhunderts n. Chr. auf, die Mehrzahl von ihnen datiert in die zweite Hälfte dieses Jahrhunderts. Form und Größe der Gruben sind nicht einheitlich. Verfüllt wurden sie in einem Zuge mit mehreren reichen Depotschichten aus meist zerbrochener Keramik, Tierknochen und auch Metallgegenständen.
Von der Mitte des 2. Jahrhunderts an treten anstelle der Gruben gemauerte, bis zu 4 m tiefe Schächte, die ebenfalls in mehreren

Depotschichten und in einem Zuge verfüllt und mit einer Steinpackung verschlossen wurden. In einigen Fällen lassen sich bewußt arrangierte Depots feststellen. Auf dem Boden von Schacht 8 befand sich zum Beispiel eine Kalksteinplatte, auf die ein Krug und ein Becher gestellt waren; zum Schutz beider Gefäße waren zwei Ziegel darübergelegt. Eine Analyse dieser Befunde und ein Vergleich mit ähnlichen Vorkommen anderer Fundorte geben uns Hinweise auf die dahinterliegende Idee. Hier fanden religiöse, mit Opferungen verbundene Zeremonien einer Kultgemeinschaft statt. Neben den in den Gruben und Schächten angelegten Depots fanden vermutlich auch andere Rituale in dem großen Portikusbau und in dem Gebäude mit Wasserbecken statt. In Bliesbruck entdeckte figürliche Darstellungen lassen vermuten, daß es sich hier um einen Kultplatz zu Ehren einer gallischen, chthonischen Gottheit der Fruchtbarkeit und des Überflusses handelt; die Hauptgottheit war eine Muttergöttin, meist als Venus dargestellt. Merkur, der eine nicht zu unterschätzende Bedeutung in gallo-römischer Zeit hatte, war wahrscheinlich ebenfalls mit diesem Kult verbunden.

Abb. 78 Bliesbruck, Thermen (Herbst 1988).

1987 wurde eine wichtige Entdeckung gemacht, die die Bedeutung des Ortes nochmals unterstreicht. Im tiefergelegenen Teil der Siedlung in Verlängerung des Kultbezirkes konnte der große Thermalbereich freigelegt werden. Der Grundriß, der eine Fläche von etwa 60 x 30 m einnimmt, ist — obwohl die Grabungen noch andauern — inzwischen weitgehend bekannt.
Der Thermenbesuch spielte im römischen Alltagsleben eine ganz bedeutende Rolle, wovon zahlreiche in Gallien gefundene Thermen Zeugnis ablegen. In unserem Falle ist jedoch daran zu denken, daß sie neben dem weltlichen Vergnügen auch kultisch genutzt wurden. Es wäre vorstellbar, daß hier rituelle Waschungen stattfanden, die mit dem Bezirk der Gruben- und Opferschächte im Zusammenhang standen. Ein solcher Kontext ist von anderen Fundorten bekannt, wo Badeeinrichtungen in der Nähe von Kultplätzen erbaut wurden. Die bevorstehenden Ausgrabungen werden vielleicht den Beweis für diese Vermutungen erbringen.

Literatur:

J. Schaub und J.-P. Petit, Bliesbrücken. Gallo-Römische Siedlung in Lothringen (Saargemünd 1984). — J. Schaub, J.-P. Petit u. F. Hiller in: Die Römer an Mosel und Saar. Gallo-Römischer Kultplatz bei Bliesbrücken (Mainz 1983) 150-152.

Jean Schaub/Jean-Paul Petit

Die Merowingerzeit

Der Beginn dieser ersten frühmittelalterlichen Zeitspanne verbindet sich historisch und archäologisch mit der Regierungszeit des 482 verstorbenen Königs Childerich aus dem fränkischen Königsgeschlecht der Merowinger. Die germanischen Franken — ein im 3. Jahrhundert im östlichen Unterrheingebiet entstandener Stammesbund — waren schon um 380 n. Chr. unter der Regierungszeit des römischen Kaisers Julian im heutigen Belgien angesiedelt worden. Childerichs überreich ausgestattetes Grab war 1653 in Tournay durch Zufall entdeckt worden. Verwaltete Childerich noch ein kleines Staatsgebilde, so gelang es seinem Sohn Chlodewig (482-511 n. Chr.) unter geschickter Einbeziehung der Kirche ein Großreich zu schaffen, das zur territorialen Grundlage des mittelalterlichen Europa wurde. Das Ende der Merowingerzeit um 700 n. Chr. hingegen wird durch die Aufgabe der Reihengräbersitte und die allmähliche Machtverlagerung vom merowingischen Königshaus auf die karolingischen Hausmeier gekennzeichnet.

Nach dem Niedergang des römischen Reiches übernahmen die Franken seit dem 5. Jahrhundert die Herrschaft. Schon in der 2. Hälfte des 3. Jahrhunderts zeichneten sich hier im Norden erste Zerfallserscheinungen des römischen Imperiums ab. Germanische Völkerscharen überrannten die Grenzbefestigung, den Limes, und zogen mordend und brandschatzend durch die Lande. Zahlreiche Münzhortfunde im Einzugsbereich römischer Straßen, die gleichzeitigen Zerstörungshorizonten in den Siedlungsstellen entsprechen, sind ein Spiegelbild dieser Unruhezeiten. Der Aufstieg Triers im späten 3. Jahrhundert zur Kaiserresidenz unter Konstantin dem Großen und dem valentinianischen Kaiserhaus bescherte dem Saar-Mosel-Raum eine letzte, wenn auch nur kurze Blütezeit. Obwohl auch für diese Zeit zahlreiche Germaneneinfälle schriftlich überliefert sind, nimmt sich die Zahl der Hortfunde verhältnismäßig gering aus. Da der große Münzanfall in Siedlungen keinen generellen Rückgang des Geldverkehrs im 4. Jahrhundert

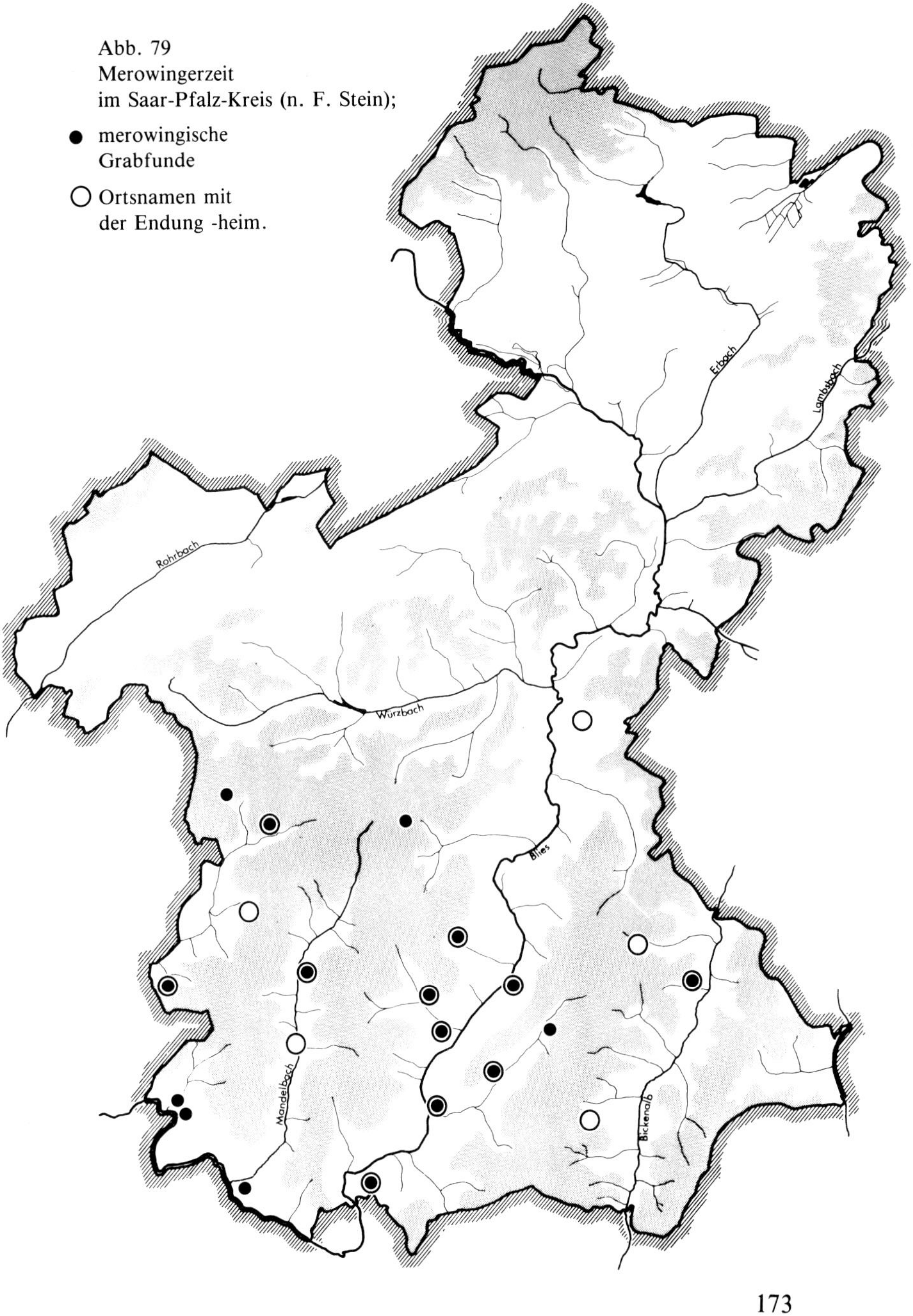

Abb. 79
Merowingerzeit
im Saar-Pfalz-Kreis (n. F. Stein);

● merowingische Grabfunde

○ Ortsnamen mit der Endung -heim.

bezeugt, scheinen die Auswirkungen dieser Unruhen für die einheimische Bevölkerung nicht von so einschneidender Bedeutung gewesen zu sein; ein großer Teil der Hortfunde konnte nämlich wieder geborgen werden. Spärliche archäologische Quellen vermitteln trotz anzunehmender Dezimierung der Bevölkerung nur scheinbar das Bild einer Siedlungsleere. Die Gründe hierfür sind insbesondere in dem Erliegen der Bronzemünzprägung um 395 n. Chr., der allmählichen Aufgabe der Beigabensitte durch die einheimische Bevölkerung in der 2. Hälfte des 4. Jahrhunderts und dem Ende jeglicher Besatzungsmacht im nördlichen Grenzgebiet zu suchen. Letzteres wird durch die Verlegung der gallischen Präfektur nach Arles und der weströmischen Kaiserresidenz nach Ravenna offenkundig. Die Überlassung der nordwestlichen Grenzverteidigung an Föderaten wie Childerich konnte deren allmähliche Machtübernahme nicht mehr aufhalten. Bei der darauffolgenden Landnahme kam nicht so sehr der breiten bäuerlichen Schichten, sondern vielmehr der Oberschicht die tragende Rolle zu, wobei ihr die fränkischen Könige wahrscheinlich Ländereien aus fiskalischem Besitz als Entlohnung für getreue Dienste zuwiesen. Zumindest alle Orte mit der Endung -heim sind Gründungen dieser Landnahme, die im Bliesgau nach Ausweis der bislang bekannten Grabfunde erst gegen Ende des 6. Jahrhunderts n. Chr. erfolgt sein muß. Die Bevorzugung der fruchtbaren Muschelkalkböden, insbesondere der Quellhorizonte am Rande größerer Flußtäler, spricht dabei für eine bäuerliche Strukturierung der zugehörigen Siedlungseinheiten.
Da sich die frühmittelalterlichen Siedlungen unter den heutigen Ortskernen verbergen und die Häuser im Gegensatz zur römischen Steinarchitektur aus einer vergänglichen Fachwerkkonstruktion in Holzausführung mit lehmverputzten Weidegeflechtwänden und Riedabdeckung bestanden haben, sind unsere Kenntnisse zur merowingerzeitlichen Siedlungsweise äußerst begrenzt. Einzig und allein die Lex Alamannorum, eine Gesetzessammlung des 6. und 7. Jahrhunderts n. Chr., vermittelt ein möglicherweise allgemein verbindliches Bild der Siedlungsorganisation jener Zeit. Von einem Zaun umgeben, bildete das wohl einräumige Wohnhaus mit

Abb. 80 Altheim, „Am Knopp", Grab 37; Goldscheibenfibel.

offenem Dachstuhl den Mittelpunkt des Gehöftes. Um dieses gruppierten sich Speicherbauten auf Pfostengestellen zur Getreideaufbewahrung, Stallgebäude und Grubenhäuser mit auf dem Boden aufliegendem Dach, die als Web-, Bad-, Koch- oder Backhaus dienten. Haus und Scheuer des Knechtes gehörten ebenfalls zur Hofanlage. Kenntnisse zur Merowingerzeit vermitteln neben spärlichen Schriftquellen vor allem jedoch die Gräberfelder. Reihenweise angeordnete, einheitlich W-O orientierte Grabgruben dienten als letzte Ruhestätte. In gestreckter Rückenlage wurden dabei die Toten mit dem Kopf im Westen und der Blickrichtung zur aufgehenden Sonne nach Osten bestattet.
Das zwischen Seine und Rhein sowie für die rechtsrheinischen Stammesgebiete der Alamannen, Bajuwaren und Thüringer kennzeichnende Totenritual läßt während der Merowingerzeit gemeinsame Jenseitsvorstellungen erkennen, die von der Gleichheit des Lebens vor und nach dem Tode ausgingen. Hierzu zählen die Mitgabe von Beigaben und die Bestattung in der Festtagstracht, zu

Abb. 81 Altheim, Waffen der Merowingerzeit.

der im weitesten Sinne beim Mann die Waffen, bei der Frau der Schmuck sowie allerlei Gerätschaften zu rechnen sind. Dieses Totenritual unterschied sich ganz deutlich von der seit Anfang des 4. Jahrhunderts von der einheimischen, spätrömischen Bevölkerung praktizierten Körperbestattung ohne jegliche Beigaben und Trachtbestandteile. Aufgrund anthropologischer Begutachtung hat das Skelettmaterial von Altheim deutliche Entsprechungen in rechtsrheinischen, sicherlich germanischen Skelettserien. Zusammen mit dem vergleichbaren Totenritual, in dem als Teil der geistigen Kultur auch anderes „Denken und Fühlen" zum Ausdruck kommt und der nachweisbaren Herkunft zahlreicher Grabgegenstände aus dem Alamannischen, muß man davon ausgehen, daß der größte Teil der im Saar-Pfalz-Kreis bestatteten Bevölkerung germanischer Herkunft war. Waren diese Germanen ebenso schon Christen wie ihr 500 n. Chr. konvertierter König Chlodewig?
Einige heidnische, mit zahlreichen Trachtbestandteilen, Schmuckstücken und Beigaben ausgestattete Gräber in christlichen Grabkirchen und somit als Gräber von Christen ausgewiesen, erschweren ebenso die Beantwortung dieser Frage wie synkretistische Vorstellungen, nach denen man sich als Christ durch Beigaben mit Darstellung von Heilstieren noch des Schutzes der alten heidnischen Götter versichern wollte.
Aufgrund fehlender Belege für eine real gedachte leibliche Auferstehung der Normalbevölkerung in der Tracht der Lebenden — im Gegensatz zu klerikalen Bilddarstellungen — lassen jedoch die in den Gräbern des 6. und 7. Jahrhunderts feststellbaren Tracht- und Beigabensitten den Schluß zu, daß sich der christliche Glaube in dieser Zeit zumindest im ländlichen Bereich noch nicht vollständig durchgesetzt hatte.
Zur Waffenausrüstung des Mannes gehörten in unterschiedlicher Kombination je nach sozialem Status das zweischneidige Langschwert (Spatha), das einschneidige Kurzschwert (Sax) und der Schild. Wurfaxt (Franziska), Wurfspeer (Ango), Lanze und Bogen, die dem Kampf auf Distanz dienten, ergänzten die Bewaffnung. Mitte des 7. Jahrhunderts wird im Saar-Mosel-Raum dem Toten nur noch der Sax als einzige Waffe mitgegeben. Messer,

Schere und Tasche zur Aufbewahrung von verschiedenen Geräten oder Amuletten hingen an Ledergürteln mit prächtigen Gürtelschließen, die sich im Laufe der Merowingerzeit von der einfachen, schmalen Schnalle über die verbreiterte Schnalle mit Beschlag zu vielteiligen Gürtelgarnituren mit Riemenzungen entwickelten.
Kennzeichnend für die Frauentracht des ausgehenden 5. und 6. Jahrhunderts n. Chr. waren ein größeres und ein kleines Fibelpaar. Während die großen sog. Bügelfibeln mit Tierstilornamentik meist in der Beckengegend gefunden wurden und dort vermutlich einen Rock zusammenhielten, verschlossen die kleineren Fibeln im Brustbereich ein blusenähnliches Kleidungsstück. In Nachahmung mediterraner Vorbilder löste gegen Ende des 6. Jahrhunderts eine broschenähnliche, im Brustbereich getragene Scheibenfibel diese Fibeltracht ab. Filigran-verzierte Goldscheibenfibeln mit Edelsteineinlagen und silbertauschierte Eisenfibeln, wie sie sich nur reiche Frauen leisten konnten, vermitteln nun einen Einblick in die Kunstfertigkeit jener Zeit. Am Frauengürtel mit der gleichen typologischen Entwicklung wie beim Gürtel des Mannes war zusätzlich noch ein Gehänge mit unheilabwehrendem Dekor befestigt, dessen Ausgestaltung mit Glas, Geweih, Tierzähnen oder Bergkristallen vom jeweiligen Reichtum seiner Besitzerin abhängig war. Arm-, Finger- und Ohrringe aus Bronze oder Silber, profilierte Haarnadeln sowie Ketten mit bunten Glas-, Ton- und Bernsteinperlen vervollständigten die Schmuckausstattung. Zu Füßen der Bestatteten beider Geschlechter standen Ton-, vereinzelt Bronzegefäße, denen hypothetisch als Behälter für Wegzehrung, Weihwasser oder rituelle Waschungen vielfältige Funktion zukommen konnte. Verschiedentlich im Mund gefundene Goldmünzen sollten als Obolus für den Fährmann die Reise ins Jenseits ermöglichen.
Diese von heidnischen Vorstellungen geprägten Beigaben- und Trachtsitten erloschen erst um 700 n. Chr. Nun erstarkte die kirchliche Organisation und das römische Erbrecht, nach dem im Gegensatz zum germanischen Recht der persönliche Besitz nicht beim Toten verblieb, sondern auf die Erben überging. Gerade die

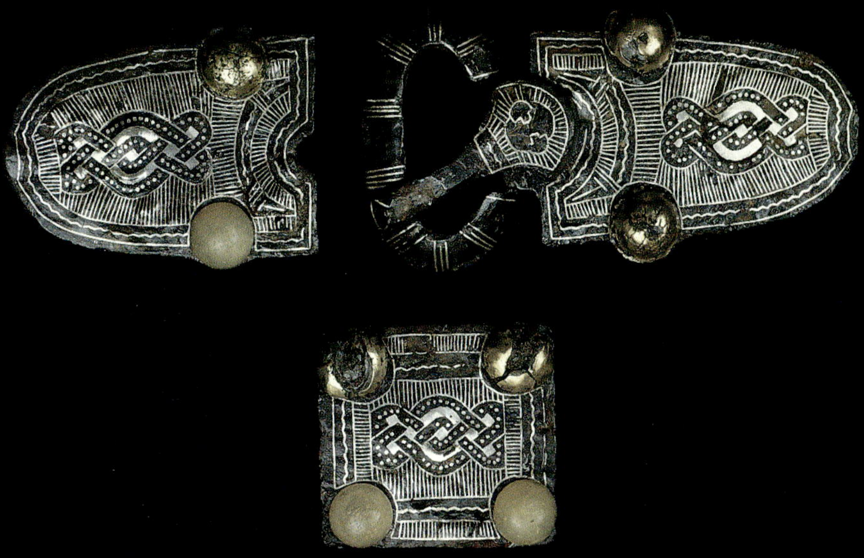

Abb. 82 Altheim, silbertauschierte Gürtelgarnitur und Keramik.

Kirche forderte, daß Christus in gleicher Weise am Erbe zu beteiligen sei wie die Nachkommen. Während die Oberschicht „pro salute animae“ diese Forderung vor allem durch Abgabe von Landbesitz erfüllte, mußten weniger Begüterte auf ihren persönlichen Besitz wie Waffen, Schmuck und Gerät zurückgreifen. In diesem Sinne schenkte der 634 in der ältesten Urkunde des Saarlandes erwähnte fränkische Adelige Adalgisel Grimo seine Besitzungen bei Tholey dem Bistum Verdun. Auch die Gründung des Klosters Hornbach durch den irischen Wanderbischof Pirmin in der Mitte des 8. Jahrhunderts ging auf die Güterschenkung durch einen Angehörigen des fränkischen Hochadels namens Werner zurück.

Abb. 83 Altheim, Goldmünze der Merowingerzeit.

Literatur:

K. Weidemann, Die Merowingerzeit im Saarland. Führer zu den vor- und frühgeschichtlichen Denkmälern 5: Saarland (Mainz 1966) 71ff. — F. Stein, Die Bevölkerung des Saar-Mosel-Raumes von der Antike zum Mittelalter. Archaeologia Mosellana 1, 1989, 98-195.

Walter Reinhard

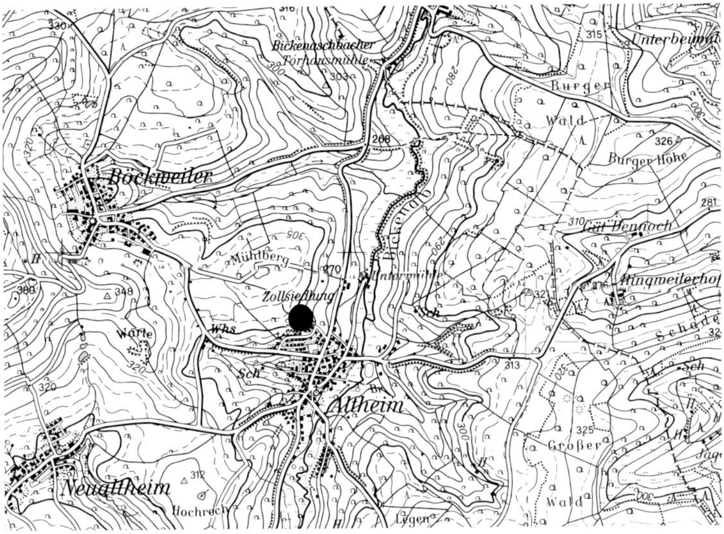

Das merowingerzeitliche Gräberfeld von Altheim

Ein Bauarbeiter, der sich an die Wand einer soeben für einen Neubau ausgehobenen Grube zurücklehnte, spürte plötzlich etwas Spitzes im Rücken. Er wandte sich um und zog eine eiserne Lanzenspitze aus dem Erdreich. Bald darauf erfuhr auch der Altheimer Heimatforscher Helmut Lambert von diesem Neufund und konnte an Ort und Stelle die ersten, teilweise durch Baggerarbeiten zerstörten Gräber freilegen und benachrichtigte rasch das Staatliche Konservatoramt.
Diese etwas kuriose Vorgeschichte, die zur Aufdeckung des größten merowingerzeitlichen Gräberfeldes im Saar-Mosel-Raum führte, ereignete sich im Herbst 1974. Die Fundstelle befindet sich im Neubaugebiet am nordwestlichen Ortsrand zwischen der Merowingerstraße (Nr. 8-13) und einem alten, jetzt weitgehend überwu-

cherten Hohlweg in Richtung Böckweiler. Von dem inzwischen überbauten Hanggelände hatte man ehedem einen wunderbaren Blick auf den Altheimer Ortskern, wo wir auch die zu dem Gräberfeld zugehörige merowingerzeitliche Siedlung vermuten dürfen, von der sich allerdings bislang keine Spuren nachweisen ließen.

In mehreren Ausgrabungsetappen (1974, 1977, 1978, 1985 und 1986) wurde das frühmittelalterliche Gräberfeld nahezu vollständig erfaßt. Zerstörungen sind am Südrand der Nekropole durch Baugruben und durch einen Schützengraben aus dem 2. Weltkrieg anzunehmen. Außerdem scheinen im östlichen Drittel des Gräber-

Abb. 84 Altheim, „Am Knopp", Gräberfeldplan.

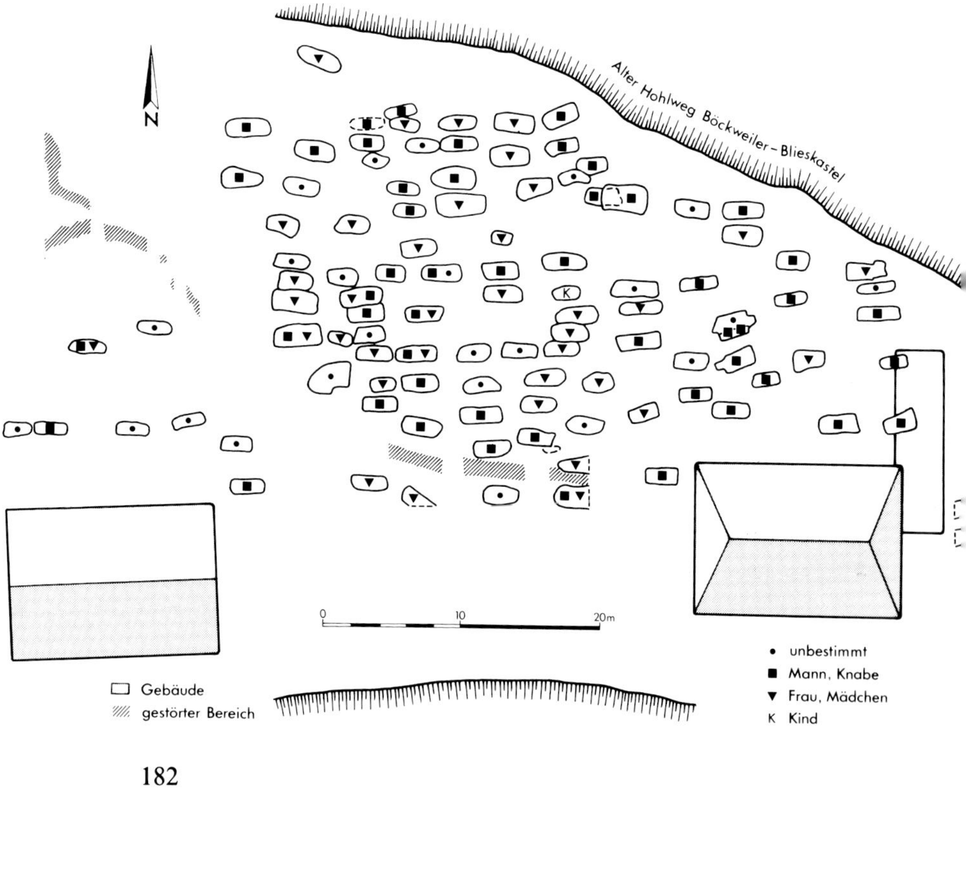

Abb. 85 Altheim, Grab 44; Goldscheibenfibel.

feldes wegen der schwierigen Bodenverhältnisse einige Bestattungen übersehen worden zu sein. Insgesamt konnten 119 Gräber erfaßt werden. Ein weiteres beigabenloses Grab, das sich als einziges nördlich des Hohlweges fand, datiert offenbar wesentlich jünger; dies ließ sich auch durch die anthropologische Begutachtung des Skelettmaterials bestätigen.

Mit geringfügigen Abweichungen sind sämtliche Bestattungen W-O orientiert — der Kopf befindet sich regelmäßig im Westen. Die Anordnung der Grabgruben läßt ein gewisses, in Reihen angelegtes System erkennen. Die Länge der Gruben variiert zwischen 1,60 m und 3,50 m, die Tiefe zwischen wenigen Dezimetern und 1,80 m. Schwarze Verfärbungen, die als letzte Spuren vergangenen Holzes zu interpretieren sind, und auch andere Indizien deuten darauf hin, daß die Toten verschiedentlich in Holzsärgen beigesetzt wurden. In mehreren Fällen sind Gräber übereinander angelegt: die Vermutung liegt nahe, daß Erst- und Nachbestattung — meist handelt es sich um einen Mann und eine Frau — in einem verwandtschaftlichen Verhältnis zueinander standen. Eine Kartierung der Männer- und Frauengräber läßt hier und dort Familien-

Abb. 86 Altheim, Männerbestattung.

gruppen erahnen; endgültige Klarheit hierüber wird man jedoch erst nach einer eingehenden Gräberfeldanalyse erzielen können.
Das merowingerzeitliche Gräberfeld von Altheim hat nicht nur wegen seiner Größe, vollständigen Erfassung und sorgfältigen Dokumentation die Aufmerksamkeit der Fachwelt auf sich gezogen, sondern vor allem auch wegen seiner überdurchschnittlich reichen Grabausstattungen. So wurde in 30 Männergräbern jeweils ein Sax, das typisch fränkische einschneidige Kurzschwert, gefunden. In fünf weiteren Gräbern war zusätzlich noch eine Spatha, ein zweischneidiges Langschwert, beigegeben. Die Bewaffnung der Männer bestand weiterhin aus Pfeilen und Lanzen, deren eiserne Spitzen sich in den Gräbern erhielten. Gelegentlich sind auch Reste eines Schildes nachweisbar; mit nur einem Exemplar vertreten ist eine Franziska (Wurfaxt).
Schließlich gehört zur Tracht des Kriegers eine mehr oder minder aufwendige Gürtelgarnitur mit bronzenen oder eisernen Schnallen und Beschlägen. Auf den eisernen Teilen findet sich häufig eine sorgfältig angelegte silbertauschierte Verzierung.
Frauengräber sind durch die Beigabe von Schmuck charakterisiert. Bunte Perlen aus Glas, Ton, Bronze, Gold, Kalk- und Edelsteinen werden zu Ketten aufgereiht und um den Hals getragen oder an den Gürtel gehängt. Anhänger, Nadeln, Ohrringe und sehr qualitätvoll gearbeitete Fibeln ergänzen die Frauentracht. Die Scheibenfibeln, darunter zwei mit verschiedenen Einlagen und Filigran verzierte Exemplare aus Gold bzw. Elektron (Gold-Silber-Legierung), zählen zu den künstlerisch wie handwerklich wertvollsten Funden aus dem Altheimer Gräberfeld.
Ein einzelnes, handgemachtes oder auf der Drehscheibe gefertigtes Tongefäß zu Füßen des Toten enthielt wahrscheinlich eine Speise- oder Trankbeigabe. Sehr selten sind hingegen Fragmente dünnwandiger Glasgefäße nachzuweisen. Im Mund der Toten fand sich mehrfach eine Münze, die man wohl als Obolus für die Reise ins Jenseits interpretieren darf. Für den Fachmann von besonderem Interesse sind mehrere merowingische Goldprägungen.
Die Qualitätsunterschiede im archäologischen Fundgut, aber auch die deutlich spürbaren Abstufungen in der Gesamtausstattung der

Gräber lassen Rückschlüsse auf soziale Differenzierungen innerhalb der merowingerzeitlichen Bevölkerung zu. Noch ausstehende, eingehendere Untersuchungen werden uns sicherlich detailliertere Auskünfte zur kulturgeschichtlichen Entwicklung des Bliesgaues in nachrömischer Zeit liefern können. Doch bereits jetzt kann gesagt werden, daß die Belegungsdauer des Altheimer Gräberfeldes vom Ende des 6. bis zum Ende des 7. Jahrhunderts währte.

Literatur:

A. Miron, W. Reinhard, J.-P. Petit und J. Schaub, Archéologie de la Vallée de la Blies. 6000 ans d'histoire du néolithique au moyen âge (Sarreguemines 1986).

Andrei Miron

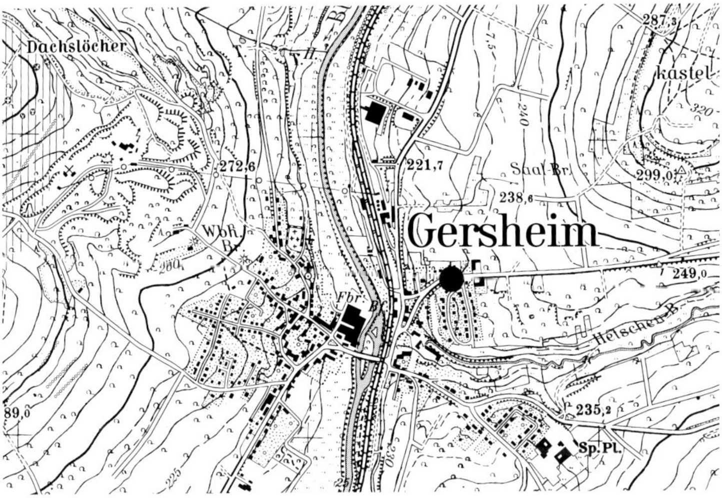

Grabfunde der Merowingerzeit aus Gersheim

Augustin Damm, Bezirksamtmann in Zweibrücken, übergab 1870 dem Historischen Museum der Pfalz zahlreiche Grabfunde der Merowingerzeit aus Gersheim. Sie waren 1866 beim Bau der Straße von Gersheim nach Walsheim in der Flur ,,Mühletzel'' gefunden worden. Obwohl Grabzusammenhänge nicht überliefert sind, lassen verschiedene Gürtelgarnituren, ein eiserner Schildbuckel, Lanze und Pfeilspitze, insbesondere jedoch sechs eiserne Kurzschwerter auf mindestens die gleiche Anzahl Männergräber schließen. Mit Filigranauflage und in Kreuzform gefaßten bunten Glasperlen und Perlmuttplättchen war eine prächtige Goldbrosche verziert, die einst im Halsbereich das Kleid einer reichen fränkischen Frau zusammenhielt. Ebenfalls zur fränkischen Frauentracht gehören zwei paarig getragene, feuervergoldete Bügelfibeln aus Silber. Ihrem netzartig ineinanderverschlungenen Tierdekor und den

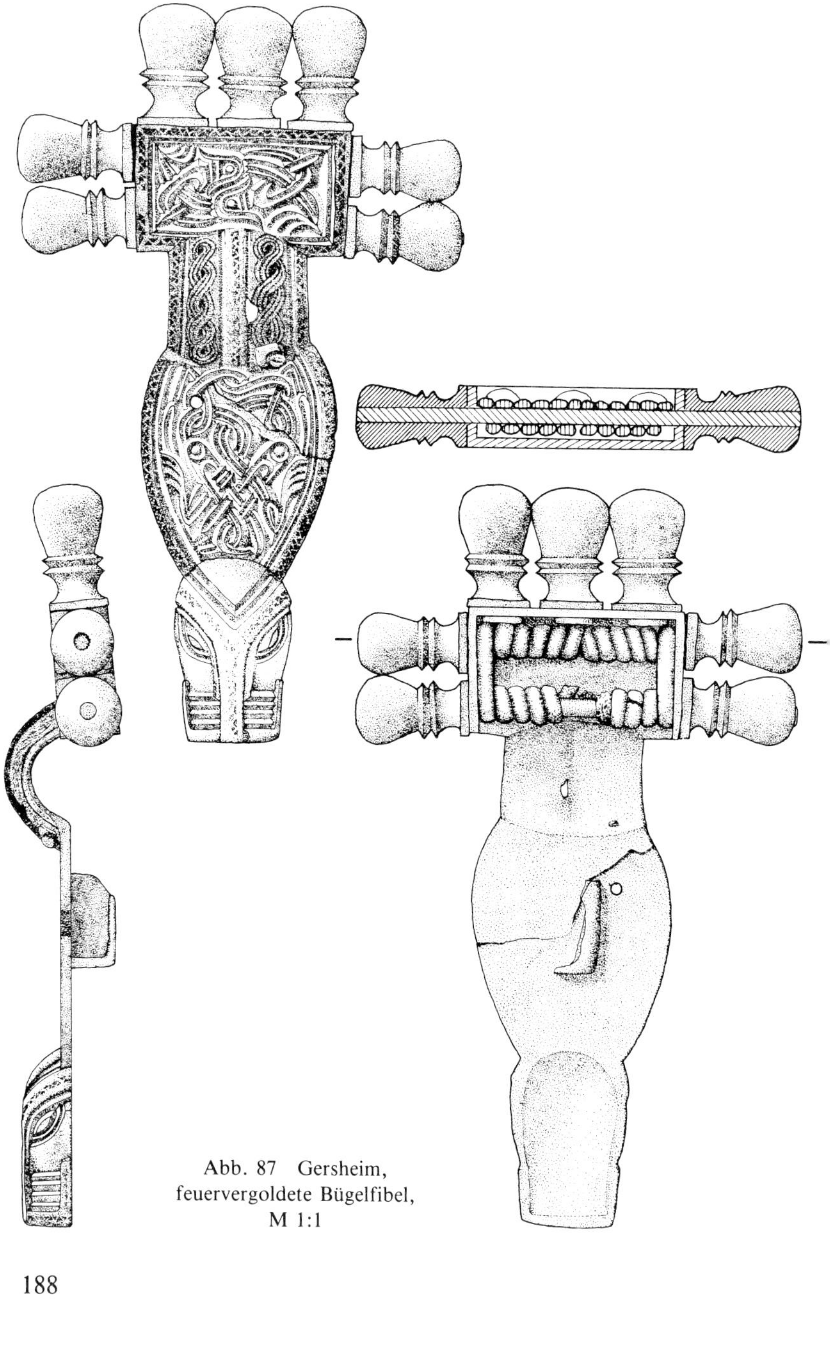

Abb. 87 Gersheim,
feuervergoldete Bügelfibel,
M 1:1

Abb. 88 Gersheim, Bügelfibel mit geometrischem Kerbschnittdekor.

stilisierten Tierköpfen am Bügelfuß wird unheilabwehrende Bedeutung zugesprochen. Zu den ältesten Fundstücken der Merowingerzeit des Bliesgaus zählt eine weitere Bügelfibel, die aufgrund ihrer geometrischen Kerbschnittverzierung in der 1. Hälfte des 6. Jahrhunderts n. Chr. getragen wurde, während alle anderen Funde Ende des 6., Anfang des 7. Jahrhunderts datieren. Perlen aus farbigem Glasfluß, Bernstein, Amethyst und Bergkristall zierten den Hals oder Gürtel der vornehmen Frauen von Gersheim. Offensichtlich durch diese sensationellen Funde angelockt, untersuchten dann 1878 die beim Bahnbau Bierbach-Saargemünd beschäftigten Ingenieure die Fundstelle. Einer von ihnen, der Ingenieur Göring, faßte die Ergebnisse dieser Ausgrabung in einer für damalige Verhältnisse ansprechenden Form zusammen. Seinem Gräberfeldplan zufolge wurden mindestens 13 weitere Gräber aufgedeckt. Ihre Anordnung in verschiedenen Gräberfeldreihen läßt dabei auf einen größeren Friedhof schließen. Wie in dieser Zeit üblich, waren die Toten, deren Erhaltungszustand vorzüglich gewesen sein soll, in West-Ost orientierten Grabgruben mit dem Kopf im Westen bestattet. Im Verhältnis zu den Zufallsfunden von 1866, war die Ausstattung dieser neuentdeckten Gräber jedoch eher bescheiden. Dies, obwohl mit einer Ausnahme alle Gräber Beigaben und Trachtbestandteile enthielten.

Literatur:

Mitt. Hist. Ver. Pfalz 2, 1871, 132f.; 6, 1877, 12 u. 70; 11, 1883, 52; 12, 1884, 58. — Mainzer Zeitschr. 2, 1907, 20. — Picks Monatsschrift 5, 1874, 102f.

Walter Reinhard

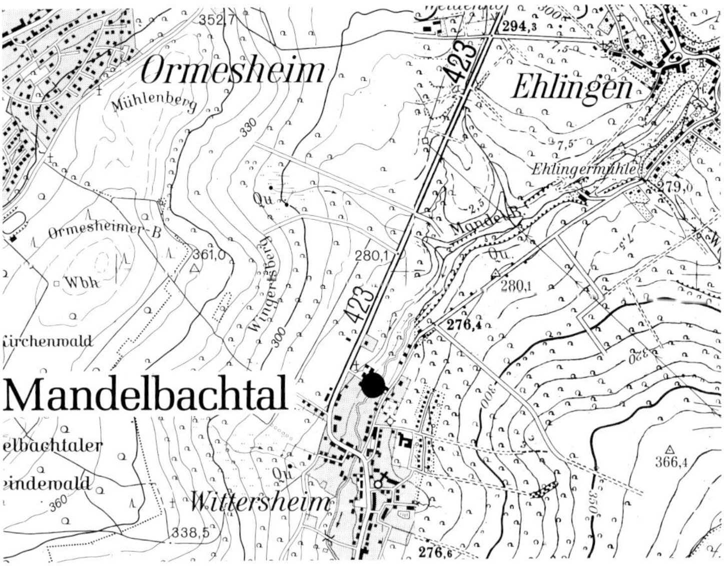

Das merowingerzeitliche Gräberfeld von Wittersheim

1929 und 1930 konnten in Wittersheim, Gem. Mandelbachtal, durch den ersten Konservator des Saarlandes, Carl Klein, sechs Gräber des frühen 7. Jahrhunderts n. Chr. geborgen werden. Sie waren bei Fundamentierungsarbeiten für einen Neubau auf dem Grundstück des Herrn Andreas Feibel in der Gewann „1. Ahnung vor dem langen Zaun'', Plan Nr. 1842, an der Erfweilerstraße zufällig entdeckt worden. Ihre Anordnung in zwei Reihen läßt entsprechend der Reihengräberordnung der Friedhöfe dieser Zeitstufe einen größeren Bestattungsplatz vermuten. Die Gräber, die man bis zu 1,30 m in den gewachsenen Muschelkalkboden eingetieft hatte, waren, wie damals üblich, WNW-OSO orientiert. Die Toten waren in gestreckter Rückenlage mit dem Kopf in WNW-

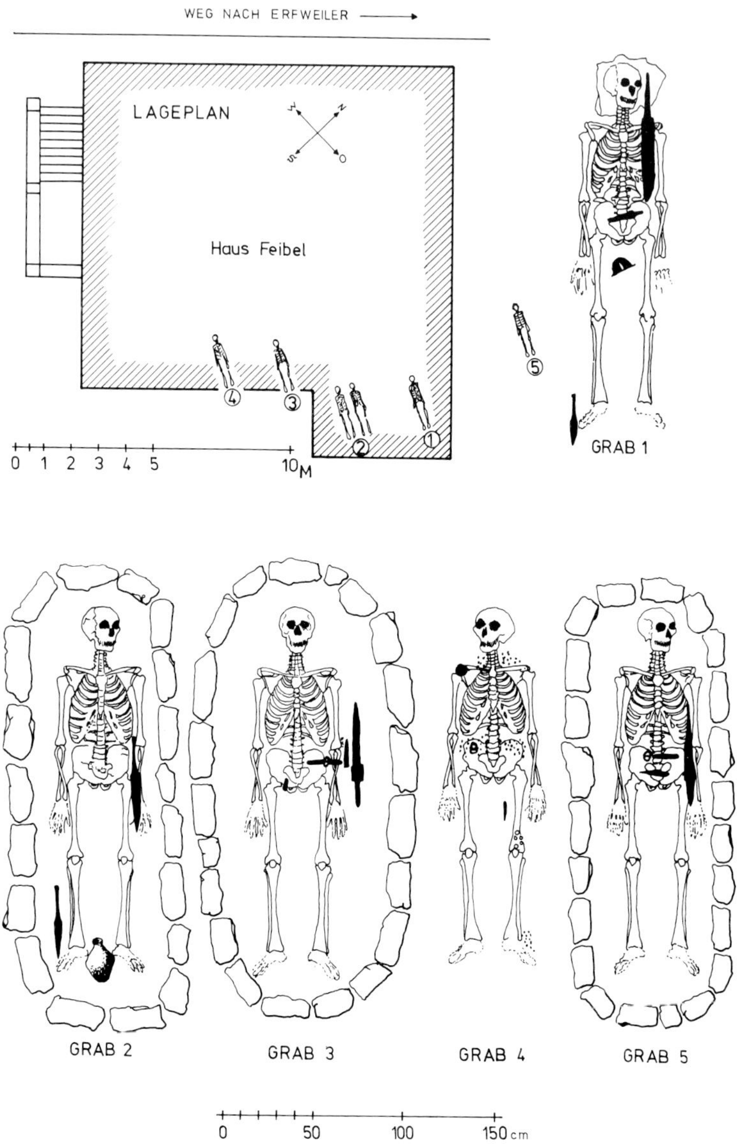

Abb. 89 Wittersheim, Grabungsbefund (nach C. Klein).

Richtung und mit dem Blick zur aufgehenden Sonne nach Osten gebettet. Drei der Gräber waren mit Kalksteinen umstellt, die anscheinend zur Verkeilung eines Holzsarges oder vielleicht auch — wegen der geringen Breite des umstellten Raumes — eines Baumsarges dienten. Vier Gräbern, durch die Mitgabe von Kurzschwert, Schildbuckel und Lanzenspitze als Männerbestattungen ausgewiesen, stehen ein Frauen- und ein beigabenloses Grab gegenüber. Die Regelhaftigkeit, mit der das Kurzschwert stets im linken Oberkörperbereich gefunden wurde und die Lage der Lanzenspitze beim rechten Fuß lassen allgemein verbindliche Richtlinien für die Grablegung und Anordnung der Totenausrüstung erkennen.

Abb. 90 Wittersheim, Goldscheibenfibel aus Grab 4.

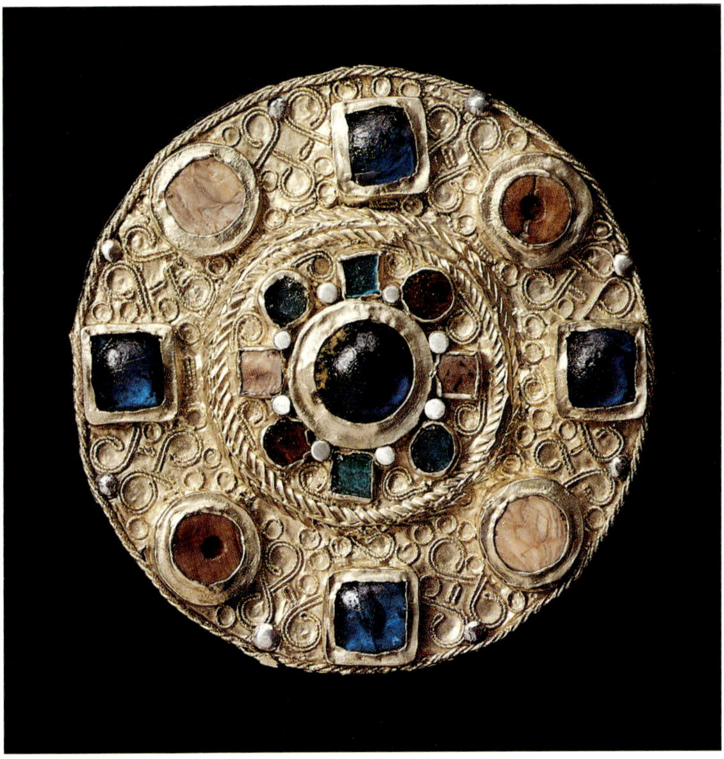

Prächtigstes Fundstück des merowingerzeitlichen Friedhofes von Wittersheim ist die goldene Scheibenfibel aus Grab 4. Zusammen mit einer Hals- und einer Gürtelkette mit Perlen aus Email, Glas, Ton und Bernstein, einem bronzenen Fingerring, drei weiteren Bronzeringen, einem Messer sowie einer eisernen Gürtelschnalle gehört sie zur Trachtausstattung einer reichen Frau des 7. Jahrhunderts n. Chr. Das nach mediterranen Vorbildern angefertigte Schmuckstück veranschaulicht eindrucksvoll die Qualität fränkischen Kunsthandwerks, in das christliches Symbolgut durch die kreuzförmige Anordnung der farbigen Glaseinlagen Eingang gefunden hat. Gleichzeitig wird dadurch aber auch die Verquickung christlichen Glaubens mit heidnischer Tradition, wie sie sich in der Mitgabe von Beigaben äußert, offenkundig.

Literatur:

C. Klein, Grabungstagebuch 4, 1928/29, 5f.: 79. — Ders., Verzeichnis der in den Jahren 1927 und 1928 im Saargebiet festgestellten Bodenfunde. BDS 3, 1929, 88f. — Ders., Neue Funde der Merowingerzeit im Saargebiet. BDS 4, 1931, 85f. Taf. 17-18.

Walter Reinhard

Zeittafel für den Saar-Mosel-Raum

Zeiteinteilung			Kultur-erscheinungen	Datierung
STEINZEIT	Altsteinzeit	Alt	Acheuléen	
	(Paläolithikum)	Mittel	Moustérien	**50.000 v. Chr.**
		Jung	Aurignacien	
			Solutréen	
			Magdalénien	
				8500 v. Chr.
	Mittelsteinzeit	Früh		
	(Mesolithikum)	Mittel		
		Spät		
				4500 v. Chr.
	Jungsteinzeit	Früh		
	(Neolithikum)	Mittel	Linearbandkeramik	
		Spät	Rössen	
				ca. 3000 v. Chr.
KUPFERZEIT	Frühkupferzeit		Michelsberg	
(Chalkolithikum)	Mittelkupferzeit		Seine-Oise-Marne	
	Spätkupferzeit		Glockenbecher	
				2000 v. Chr.
BRONZEZEIT	Früh	Bz A	Singen, Adlerberg, Straubing	
			Riesenbecher	
				1600 v. Chr.
	Mittel	Bz B		
		Bz C	Hügelgräber	
		Bz D		
				1200 v. Chr.
	Spät	Ha A (ältere)	Urnenfelder	
		Ha B (jüngere)		
				750 v. Chr.
EISENZEIT	Hallstattzeit	Ha C (ältere)	Kelten	630 v. Chr.
		Ha D (jüngere)		
				450 v. Chr.
	Latènezeit	Früh		280 v. Chr.
		Mittel	Kelten	130 v. Chr.
		Spät		
				25 v. Chr.
	Römische Kaiserzeit	Früh		70 n. Chr.
		Mittel	Gallo-Römer	260 n. Chr.
		Spät		
				450/80 n. Chr.
	Merowingerzeit	Ältere (AM)	Alamannen und Franken	600 n. Chr.
		Jüngere (JM)		
				730 n. Chr.

Ortsregister

Abbildungsnachweis

Archäologischer Verein des Saar-Pfalz-Kreises: Abb. 32, 33, 80, 85, 86

Bliesbruck, Grabungsfoto: Abb. 76, 78

Landesinstitut für Pädagogik und Medien (LPM), Staatliche Landesbildstelle: Abb. 7-12, 14-17, 19, 20, 22, 25-27, 38, 45, 47-50, 52, 58, 59, 65, 68, 72, 75, 77, 80-83, 85, 87, 90

Landesvermessungsamt des Saarlandes: Abb. 2; Seite 70, 89, 97, 105, 110, 127, 143, 151, 155, 159, 181, 187, 191

Staatliches Konservatoramt/Abteilung Bodendenkmalpflege,
Zeichnungen: Abb. 1, 3-6, 13, 18, 21, 23, 24, 28, 29, 31, 34-37, 39-42, 44, 46, 51, 56, 61, 64, 66, 67, 69, 71, 73, 74, 79, 84, 88, 89
Fotoarchiv: Abb. 30, 43, 53-55, 57, 60, 62, 63, 70

Die Zeichnungen stammen von D. Lingener, G. Neumann (Staatliches Konservatoramt/Abteilung Bodendenkmalpflege) und A. Domprobst. Die Fotos des LPM wurden von K. Heinzel (Staatliche Landesbildstelle) angefertigt.

Kunst und Handwerk im frühen Mittelalter

Archäologische Zeugnisse von Childerich I. bis zu Karl dem Großen. Von Helmut Roth. 320 Seiten mit 112 Kunstdrucktafeln, davon 60 in Farbe, und 100 Abbildungen im Text. Leinen.

Die erste zusammenfassende Darstellung von Kunst und Handwerk im frühen Mittelalter unter archäologischen Aspekten: Anhand einer repräsentativen Auswahl archäologischer Funde hat ein Archäologe das Spannungsfeld zwischen Kunst und Handwerk der Zeit vom Niedergang der Römerherrschaft (5. Jh.) bis zur Zeit Karls des Großen (9. Jh.) für einen großen Leserkreis anschaulich aufgearbeitet. Die Kernlande des alten Europa stehen im Mittelpunkt der Darstellung, die sämtliche Gruppen des archäologischen Spektrums in Hauptwerken erfaßt.

Vieles, auch der Fachwelt nur wenig Bekanntes wird erstmals in Text und Bild vorgeführt. Gold- und Silberschmiede, Bronzegießer und Elfenbeinschnitzer, Glasmacher und Kunsttöpfer als tätige Menschen des frühen Mittelalters mit zum Teil erstaunlichen technischen und künstlerischen Fähigkeiten werden erst durch die Archäologie aus ihrer meist namenlosen Vergessenheit geholt.

Die sehr seltenen Schriftquellen zu einigen dieser Künstler und Handwerker werden zusätzlich beleuchtend herangezogen und ausgewertet, nicht zuletzt um zu klären, was die Erzeugnisse von Kunst und Handwerk in ihrer Zeit selbst bedeutet haben. Die Frage also, wie das frühe Mittelalter die »Kunst« seiner Zeit selbst gesehen hat, die Frage nach der Kunst im frühen Mittelalter, aber auch Fragen nach der sozialen Stellung der Künstler und Handwerker in der Gesellschaft ihrer Zeit sind ein zentrales Thema des Buches, mit dem keine neue illustrierte Kunstgeschichte, sondern ein Werk vorgelegt wird, das die Einbindung von Kunst und Handwerk in Leben und Alltag des frühen Mittelalters als kulturgeschichtliches Phänomen behandelt.

Konrad Theiss Verlag Stuttgart